AF261590

# LA PRUSSE

## DEVANT

# L'EUROPE.

Bruxelles. — Imprimerie de Ch. et A. Vanderauwera, rue de la Sablonnière, 5

# LA PRUSSE

## DEVANT

# L'EUROPE

PAR LE

## Comté ALFRED DE LA GUÉRONNIÈRE

## LETTRE DE S. E. LE COMTE DE BISMARK

### AU COMTE ALFRED DE LA GUÉRONNIÈRE.

## — LA RÉPONSE. —

## QUATRIÈME ÉDITION

**Bruxelles,**

## OFFICE DE PUBLICITÉ,

46, RUE DE LA MADELEINE.

1870

# INTRODUCTION A LA 4ᵉ ÉDITION

Depuis l'apparition de cette brochure, de nouvelles tentatives d'armistice, autorisées par M. Gambetta, semblent encore avoir failli.

La pensée manifestée dans l'*Homme de Sédan*, cette première publication explicative des grands événements qui ont changé la face du monde, se trouve dans *la Prusse devant l'Europe* prendre la forme d'un appel suprême. C'est plus particulièrement au roi Guillaume qu'il s'adresse.

Dieu tient et change le cœur des rois, dit l'Écriture.

Ce qu'il y a de certain, c'est que le nouvel empereur d'Allemagne, proclamé à Versailles, a été un des lecteurs de l'ouvrage qui est la péroraison logique et pathétique de l'*Homme de Sédan*.

Le témoignage royal est aux mains de l'auteur : c'est la preuve que les victorieux, en restant dans l'inflexibilité de ce qu'ils nomment le destin, ont cependant des oreilles et un cœur à l'unisson des autres hommes.

L'initiative que nous avons prise à cet égard s'explique : elle est inspirée par le même esprit qui nous poussait à protester, en face de la puissance de Napoléon, contre les illusions semées de piéges dont elle étendait le mirage. Le temps a marché; ce que l'on pouvait prendre pour des préventions est devenu une lumière sinistre au coup de foudre des événements. — La fatalité des pronostics contestés et bafoués se retrouve dans la désolation universelle.

On le voit, les présages qui semblaient folie lorsqu'ils tombaient des lèvres de nos amis les plus illustres et les plus honorés, les Berryer, les Thiers, dont il nous fut donné d'être le fidèle écho, n'étaient que la déduction à tirer de la caducité napoléonienne aux prises avec la virilité germanique. — Avec cette force dirigée par un habile homme d'État, le pâle Augustule français ne pouvait se mesurer. — D'un côté tout était insuffisance dans les institutions et les hommes; de l'autre, tout était méthodique conception, appuyée sur le génie politique et militaire.

C'était la force ascendante contrastant avec la décadence apportée par Napoléon III.

En faisant avec impartialité la part de chacun, en dépouillant l'influence du parti pris ou de l'idée fixe qui empêche d'être juste pour ses adversaires en s'égaran t soi-même, il est un but auquel tendent à se rallier tous les cœurs. Où l'entrevoir, si ce n'est dans une paix qui arrête cette boucherie, ces outrages à Dieu?

La communication que le roi Guillaume a fait transmettre officiellement à l'auteur de *la Prusse devant l'Europe*, permet à celui-ci de croire que ce conquérant n'est pas insensible à la requête de l'humanité et de la civilisation.

Ce dénoûment, qui n'enlèverait rien à la gloire militaire, en ferait mieux rayonner les titres en les épurant.

Au sein de tant de désastres, qui enveloppent aussi l'Allemagne et crucifient ses familles, il n'y a pas un moment à perdre pour en répudier et en arrêter les horreurs. C'en est fait de toutes les vertus morales qui sont l'arome, la force, l'ornement de la civilisation, si cette sauvagerie continue à suivre son cours.

La propagande des sciences morales et politiques, le progrès social n'auraient donc abouti qu'à enfanter une race de Caïn, avec des armées de cannibales!

Cette ère de sang ne peut continuer qu'en outrageant l'humanité. L'enfer, rompant sa barrière, prendrait de la sorte possession de ce monde, que la colère de Dieu aurait laissé à la merci de démons non moins impitoyables que ceux qui forment l'affreux cortége du prince des ténèbres.

La plume de l'historien glacé d'épouvante s'arrêterait devant les figures et les prouesses terrifiantes des Man-

teuffel et des Werder qui commandent les légions des
Germains. Les nations crieraient vengeance à ces nouveaux Asmodée s'ils continuaient d'accomplir l'œuvre
de Satan!

Mais cela ne sera pas : le roi de droit divin qui in-
voque les traditions chevaleresques et les grands souvenirs du passé qu'il trouve dans sa famille, ne voudra
pas arriver à la postérité au sein d'un concert de malédictions qui monteraient jusqu'au trône de l'éternel.

# AVIS DE L'ÉDITEUR

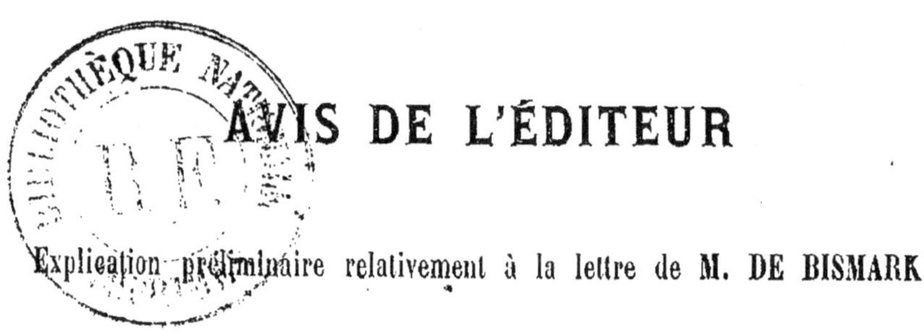


Explication préliminaire relativement à la lettre de **M. DE BISMARK**

---

La lettre qu'on va lire à M. le comte de Bismark, inaugurant cette nouvelle publication, a pour avant-propos *l'Homme de Sedan, l'Homme de Metz*. Ces brochures, qui étaient réservées à une des plus grandes publicités qu'offre l'époque contemporaine, elles-mêmes, avaient pour préface un ouvrage de 500 pages in-8°, *la Politique nationale;* c'était le procès-verbal des vices de l'empire, mortels pour la liberté, l'ordre, et enrôlant la noble France dans les périls d'une politique de ténèbres intérieures et de périls au dehors.

L'ouvrage qui vient d'être nommé emprunte un intérêt particulier à sa date. Il reporte à 1869, et par ses origines antérieures à 1866. Ce fut le 3 août de cette année que le comte Alfred de la Guéronnière, l'annalite de la campagne diplomatique et militaire de la Prusse, eut l'honneur de commencer cette série de pronostics qui faisait exhaler à Berryer, l'aigle de l'éloquence, l'élégie du patriotisme alarmé. Hélas! les désastres sont venus les confirmer dans des proportions qui semblaient impossibles. Ces divers ouvrages furent adressés à ceux qui, dans les divers États, occupaient la scène et devaient la plupart se retrouver, acteurs ou témoins, au dénoûment de ce drame.

Parmi les illustres témoignages que recueillit l'auteur, il convient d'en mentionner deux. Le premier est celui d'un ministre plénipotentiaire. Après l'expression du regret de ne pas avoir rencontré, à une visite d'adieu, le comte de la Guéronnière, il ajoutait : « Je ne veux pas partir sans, en mon nom et à celui de mon gouvernement, vous exprimer ma sincère gratitude; vous avez fait la lumière sur cette question, et toutes les autres qui se dressent à l'horizon. Je vais parcourir l'Europe, votre livre à la main, pour compléter mes vues sur l'état présent et apprendre la carte de l'avenir. » Ce diplomate distingué pouvait-il croire lui-même que les pronostics lugubres amoncelés dans la *Politique nationale* étaient à si courte échéance.

L'illusion d'optique qu'un empereur habile aux artifices avait mise devant le pays, une organisation militaire plus spécieuse que réelle, surtout sans chefs capables et sûrs, une corruption qui avait tout énervé, voilà ce que le monde sait aujourd'hui! Mais ceux qui venaient troubler la léthargie d'où la France ne devait sortir que pour se voir au bord de l'abîme apparaissaient comme des ennemis de l'empereur.

Il fallait un courage s'appuyant sur une forte conviction pour jeter les notes discordantes au sein de cet optimisme. Il faut avoir suivi ces nombreuses passes, qu'on peut appeler prouesses, pour juger combien l'événement devait justifier la douleur et l'indignation de l'écrivain.

Alors que les ministres français, à l'exemple de Calonne, perdus dans les frivolités du jour, laissaient tout s'en aller à la dérive, M. le comte de Bismark préludait à ses desseins par une profonde attention à tout ce qui venait de l'autre côté du Rhin. C'est dans cette disposition que, frappé sans doute de ce que dédaignaient ou refusaient d'entendre l'empereur et ses tristes conseillers, il écrivit à M. le comte de la Guéronnière la lettre, à laquelle les circonstances prêtent tant d'intérêt.

Le chancelier de la Confédération du Nord oppose aux alarmes de l'auteur la perspective de la plus pacifique confiance. M. de Bismark n'admet pas la possibilité de ce qui, l'année suivante, devait le rendre lui-même l'implacable instrument de la fatalité, que M. de la Guéronnière attachait avec tant de clair-voyance à la figure, à la venue, à la marche de celui auquel il était réservé de graver dans l'histoire le nom ineffaçable désormais : L'HOMME DE SEDAN.

*L'éditeur,*

Alphonse LEBÈGUE.

# LETTRE DE S. E. M. LE COMTE DE BISMARK

CHANCELIER DE LA CONFÉDÉRATION DU NORD

---

*A Monsieur*

Le Comte Alfred DE LA GUÉRONNIÈRE

*Château de Thouron*

**France**

Berlin, le 26 avril 1869.

Monsieur le Comte,

L'ambassade du Roi m'a transmis votre livre sur la politique nationale que vous avez eu l'obligeance de m'offrir et que je lis avec tout l'intérêt qu'y attache le nom distingué duquel il est signé.

Je vous suis très-obligé, Monsieur le Comte, de

l'appréciation que vous faites, *au point de vue alle-*
*mand,* de la politique dont vous me dites le représentant.

Cette appréciation cependant, permettez-moi de
de vous le dire, me paraît exagérer les effets de
cette politique, en ce qui est l'ombrage qu'elle est
*censée porter à la grandeur* de votre patrie. J'aime
à croire que la *majorité de vos compatriotes* ne *par-*
*tage pas votre manière de voir.* La nation *fran-*
*çaise* est *trop grande, trop forte* et trop fière pour
être accessible aux appréhensions que vous lui
prêtez. Je suis convaincu, Monsieur le Comte, que
l'*avenir*, tel que vous le voyez, n'est, comme vous
le dites, qu'un mauvais rêve *qui s'évanouira* devant
la *réalité,* et cette dernière, à mon avis, ne vous
montrera que *l'accord de deux nations* voisines et
*puissantes* qui marchent à la tête de *la civilisation,*
*sans autre rivalité que celle que leur impose le de-*
*voir commun d'utiliser leur* force au service de
l'humanité.

Agréez, Monsieur le Comte, l'assurance de mes
sentiments très-distingués.

BISMARK.

———

Cette lettre vraiment remarquable par la forme comme
par le fond, révèle un esprit qui a l'absolue domination
de lui-même, immense qualité de l'homme d'État. On y
trouve l'accent de la conscience d'une grande œuvre qui
non-seulement ne devait pas reculer, mais devait avancer
jusqu'à son entier accomplissement. Chaque ligne porte
l'empreinte du sentiment de la force qui poursuit son but
avec confiance. Sans nul doute, rien de plus facile, au
début, que de prévenir cette révolution qui se préparait
avec la complicité de l'empereur : autant alors il était
simple de maintenir la loi internationale aux limites in-
diquées par les garanties européennes, autant plus tard
il était insensé de se mettre au travers de la source germanique devenue torrent. C'est ce qu'a fait Napoléon
pourtant. Il a repoussé toutes les lumières, a refoulé les
expériences en se laissant aller aux hallucinations de son
cerveau faible ou malade : le résultat est constaté à son
passif.

Voici qu'à l'instant nous arrive un article de la *Gazette
de Moscou* ; ce très-remarquable organe prononce aussi

l'arrêt de l'histoire sur l'immoralité et *l'impossibilité de résurrection de l'usurpateur* et de sa dynastie enfouie dans le désastre qu'il a amené.

Après avoir détruit pour d'étroites rancunes l'œuvre nationale qui avait consumé quatre siècles, au moins Napoléon III et ses conseillers devaient rester dans l'esprit de la lettre qu'ils avaient promulguée? C'était un autre ordre d'idées à mettre en pratique, dans l'ère pacifique, prospère, au lieu de déchaîner une tempête de sang et de malheurs. Pour cela, que fallait-il? — Des libertés constitutionnelles de plus, un Bonaparte de moins.

Supposez à sa place un chef sérieux (la France en avait pour cette haute direction) et la fatalité ne se fut pas infiltrée par la jalousie des médiocrités brouillant tout. Le cours des événements devenait tout autre. La France serait prospère. En dehors de cette alternative qui le fait meurtrier aujourd'hui, demain le laisse meurtri à son tour, l'Allemand serait chez lui, rivalisant dans les arts et les bienfaits de la paix. — C'est dans cette voie civilisatrice que le programme de M. le comte de Bismark pouvait devenir une vérité.

# A S. E. M. LE COMTE DE BISMARK

CHANCELIER DE LA CONFÉDÉRATION DU NORD

---

Monsieur le Comte.

Ce n'est pas une impression personnelle que je viens retracer. Un de ceux auquel il fut donné de voir en Allemagne l'ébauche de votre œuvre et d'en prévoir la tragique conséquence pour mon pays, j'avais cru que l'heure était passée d'en récuser le développement. — Un Bonaparte escaladant le trône, et faisant casser par un peuple abusé la sentence qui avait été portée contre lui par la France et l'Europe, sur la motion même de M. de Talleyrand, portait un immense malaise qui recélait un péril. — Ce trône, qui était une fabrique de mensonges sous la courtine des victoires et souvenirs étalés à tout propos, était pour vous-même une ombre importune. Il s'est brisé à votre choc. C'est le sort des dynasties greffées par la ruse, ou implantées par la violence ; il en est autrement pour celles qui ont souffert, prospéré, avec la nation, identifiées par une longue communauté de fortunes diverses. C'est là qu'on peut dire que leurs souvenirs rayonnent leur influence morale sur les perspectives qui doivent les prolonger.

Quand en regard de votre langage d'un autre temps on considère les actes de cette tragédie, il semblerait qu'un mauvais génie vous ait transporté du séjour de paix dans un monde de maléfices et de désastres.

Ah! sans nul doute en face de ce pauvre et bizarre esprit qui a vicié celui de la France, vous le grand architecte de l'Allemagne, vous sentiez, sous votre dextre main, un volant qui pouvait étaler, sur chacune de ses plumes, un nom de victoires d'emprunt, mais qui avait une armée sans tête, comme une politique sans âme.

Il vint étourdiment tomber dans cette trappe dressée par Prim, le fatal ambitieux qui ménage à son pays quelque dénoûment pareil à celui auquel il a participé pour l'empereur. Ah! malheureux peuples, être dupes et victimes de pareils faiseurs sans loi, sans conscience! Au moins vous, Monsieur le Comte, homme terrible, mais Allemand, sur bien des ruines et des cadavres vous avez fait un empire! Grâce à votre rival incapable, ne partant pas quand c'était à propos, s'élançant quand les destins avaient changé, ceux qui se fussent dressés contre vous en 1866 sont devenus vos auxiliaires. Vous avez ramassé la couronne impériale pour votre maître, sur des champs de bataille où il a recueilli des lauriers sanglants à faire frémir l'ombre de tous les conquérants.

J'aborde avec vous un haut et palpitant sujet.

Je ne dois pas m'arrêter uniquement à l'habile langage de l'homme d'État. Souvent j'ai eu occasion de rendre hommage à la profondeur de vos vues, à l'habileté de vos combinaisons où le destin paraît écrire sa page sous votre plume. J'ai même eu l'honneur de recevoir de Votre Excellence l'expression de sentiments que l'abbé de Saint-Pierre aurait pu inscrire au frontispice de son rêve. Vos principes d'abord portaient l'empreinte d'une édifiante philanthropie. Malheureusement elle a été démentie par vos actes.

## I.

Je sais que les événements, les positions qu'ils créent ou modifient ne laissent pas toujours la possibilité de faire une vérité des programmes. Encore dira-t-on que la logique dans ses rigoureuses déductions ne saurait servir de mesure, pour juger ceux qui chefs d'État, sont aux prises avec des desseins extraordinaires et ont en face d'eux des caractères suspects, tel que celui auquel la France doit son infortune.

Sans doute le jeu des passions et des intérêts politiques ne se poursuit pas dans l'ordre des principes évangéliques. Si ceux-ci régnaient sur la terre, ce serait la paix du ciel, au lieu de cette guerre de démons. Vous ne seriez pas à Versailles : il est vrai que Napoléon ne serait pas à Wilhelmshœhe. De même si l'usurpation n'eût souffleté à la fois le droit traditionnel que vous invoquez, le droit populaire qu'elle acclamait, mais pour le trahir, nous n'aurions pas à flétrir ce faussaire de serments : il n'eût pas souillé les Tuileries de scandales préposés à une fin digne de cette orgie de 18 ans, qui s'appela l'empire. Dans des ouvrages qui vous comptèrent pour lecteur, comme vous m'avez fait l'honneur d'en témoigner, j'ai montré la route tortueuse suivie par le conspirateur sinistre. Avant de buriner les titres de l'*homme de Sédan*, j'avais montré comment celui du deux décembre, en faux roi escorté de la terreur et de la mort, s'était glissé dans le palais de la vieille monarchie ; encore ce parvenu affamé de luxe, non moins que d'oppression, trouvait-il indigne de lui la demeure des rois formant la lignée la plus ancienne et une des plus glorieuses de l'histoire, Son oncle, héroïque génie, fatal néanmoins par le fait même de son usurpation, s'en était contenté. Mais on sait qu'en dépit de ses lauriers, sur son chevet impérial, cette tête puissante se soulevait comme si l'ombre du descendant des héros dont il avait enfoui la race dans le fossé de Vincennes était venue le terrifier, au sein de son sommeil, entr'acte court à ses plans de victoires.

Il y a des fatalités de race, dit-on ; on se trompe, elles sont dans la position. Deux fois dans le même siècle, sous le maléfice du même nom, la France a été dérobée à ses instincts, à sa vocation libérale, à sa destinée et à son vrai rôle dans le monde. Pour Napoléon Ier, pour Napoléon III, la guerre était l'infirmité de leur pouvoir, surprise faite aux souvenirs, aux aspirations, aux vrais intérêts nationaux. Si le suffrage universel eût été composé de votes ayant la conscience de ce qu'ils allaient faire, jamais ils n'aurait laissé tomber dans l'urne un nom qui était la provocation à l'arbitraire intérieur et une menace pour la sécurité de l'Europe. Vous le saviez mieux que personne, Monsieur le Comte, puisque moi simple chroniqueur du passé, ce miroir qui réfléchit l'avenir, je m'écriais, quand on vint me chercher pour l'élection après ces sanglantes journées de Décembre : « trop aujourd'hui votent leur mort, je n'en serai pas. »

En effet, ce nom résumait pour vous qui deviez être le planisphérite de l'unité germanique par la Prusse, la phase la plus douloureuse de votre histoire. Un moment on avait dû couvrir de deuil la statue du grand Frédéric.

Croyez-le bien ; la France plébiscitaire devait trébucher à ce nom : effaçant tous ceux qu'elle eût dû préférer, il était un fanatisme pour le paysan nourri, durant ses veillées, des réminiscences de Napoléon I$^{er}$. Ce n'était pas un défi. Cependant il provoquait naturellement par les ressentiments du passé les redoutables ombrages de l'avenir.

Lorsque la guerre vous fut déclarée, nonobstant l'improbation du parti constitutionnel dont M. Thiers fut le courageux organe, le roi, le prince royal, vous, leur interprète accrédité, vous eûtes soin de distinguer entre la nation qui avait votre estime sympathique, et l'empereur, sur la tête duquel, vous assumiez la responsabilité du terrible conflit qui est destiné à changer (comme je n'ai cessé de le dire avant) la carte de l'Europe. Vous preniez donc le ciel et la terre à témoin de la douloureuse obligation que vous imposait non une nation, mais un homme. Sur lui seul se concentraient vos blâmes : vous le dénonciez à la France, à l'Europe, à l'histoire.

Reste le sens dans lequel, Monsieur le Comte, vous avez écrit à l'auteur cette remarquable lettre, qui est l'épigraphe inaugurative de cette brochure.

## II.

Le Roi des rois, qui tient dans sa main les siècles, qui fait à son gré, et sur le plan de ses mystérieux desseins, la glorification et la chute, vous a donné un grand rôle. Vous apparaissez au premier rang de cette scène immense où se joue le sort du monde : c'est une nouvelle distribution d'États. En ce moment, le sang du grand Frédéric a vaincu celui de Napoléon. Le neveu s'est évanoui dans la honte, mille fois pire que le malheur.

C'en était fait de lui, comme je l'ai dit quelque part : sa chair alarmée a reculé devant les risques du trépas du brave, pour s'abriter dans l'aumône d'un sûr asile conféré par son vainqueur. Encore osait-il caresser la chimère d'un retour. O cynisme de l'audacieuse présomption! Il comptait sur le roi Guillaume, sur vous, pour être le parrain de son complot et plus tard le Warvich de sa sinistre réoccupation.

Un pieux pèlerinage m'amène ici, au plus fort de ces rumeurs, je n'y pouvais croire. Mon premier mouvement a été de décliner l'odieuse solidarité qui était attribuée au roi Guillaume et à son premier ministre. Je repousse par instinct et par éducation ce qui fait tache sur la grandeur, à moins de preuves qui viennent frapper au visage les Napoléon et les Bazaine.

Si vous avez lu, Monsieur le Comte l'*Homme de Sédan*, l'*Homme de Metz*, ces deux frères jumeaux éclos au souffle de l'indignation universelle dont je n'ai fait qu'être l'écho, vous aurez pu juger que tous motifs sordides me sont étrangers. J'ai toujours mis mon honneur à pouvoir apparaître devant les puissants, tels que vous, non étincelant sous les croix : comme Berryer mon maître, je ne les ai ni mendiées, ni voulu les accepter ; il est un écusson qu'il vaut mieux arborer : celui de la vérité.

C'est à son rayonnement que ma pensée ose s'élancer vers vous : elle traverse confiante, intrépide comme la foi, les rangs de vos soldats. Quelle que soit votre puissance, elle trouve ses limites. Tout ce qui vient du temps est sujet au temps et n'élève que pour une lueur passagère, à peine perceptible dans l'infini des siècles et des générations qu'il engloutit.

« L'idée garde seule sa couronne immortelle, » a dit Schiller. Quant au reste, dans quelle poussière l'avez-vous pris hier, dans quelle poussière le laisserez-vous demain ? »

### III.

Pour que la pensée ait cette puissance, exprimée par le grand poëte, il faut qu'elle soit le messager de la vérité, d'un sentiment qui repose ineffaçable dans le cœur de l'humanité.

Alors, dans sa sphère sans frontières, elle remplit sa mission ; elle domine même la mort pour remonter au ciel. Dieu, c'est l'exemplaire dont il faut rapprocher l'ordre public et privé. Devant cette majesté qui fait planer son esprit sur les siècles et se joue des efforts qui ne peuvent la ternir, que sont les rois, les conquérants, les ministres d'États? Pas même une ombre. Moi, humble voyageur, j'ose vous porter le langage qui éclate autour de moi, sous le souffle divin d'une conviction qui me fait ce devoir. J'ai agi de même à l'égard de celui que vous avez vaincu.

Lorsque les adresses commandées par les chefs d'orchestre de son gouvernement lui apportaient les adulations, par lesquelles il pouvait se croire infaillible, ma voix s'en détachait; de même, Monsieur le Comte, je viens porter à votre cœur le cri de l'humanité, il y a plus encore, c'est un refrain de la parole de celui qui a dit: Soyez miséricordieux; ne faites pas à autrui ce que vous ne voudriez pas qu'on vous fît à vous-même; ne versez pas le sang; qui a frappé par l'épée périra par l'épée, refoulez les passions, comprimez les violences, voilà des préceptes dont les rois sont tenus, que la Bible place sur les lèvres de leurs ministres comme l'Évangile sur celles des prêtres catholiques.

Est-ce que ceci est contestable et doit être vain, Monsieur le Comte? Si cette éclipse pouvait se faire, la foi, l'intelligence, la délicatesse ensevelies dans le tombeau du Sauveur, d'où elles sont sorties, ne laisseraient plus que les exemples de la scélératesse et de la force.

Les rois n'iraient pas loin : peu de temps s'écoulerait avant qu'ils ne vinsent à trembler comme Bazaine derrière les bataillons qu'ils commandent. La fidélité naît du respect qui ne saurait se trouver hors l'ordre moral. Faites évanouir les notions du droit, du juste, transformez les vertus en vassales de la force, dites qu'elle est tout et que la sanction, ce n'est plus l'accord entre la conscience humaine et les actes! Alors les couronnés, de quelques sophismes qu'ils colorent leur arbitraire, légitiment d'avance tout ce que les plus audacieux révolutionnaires peuvent concevoir et accomplir.

Est-ce cela que vous voulez? Dites-le. Je ne le crois pas. Mais enfin, vos généraux, quand ils décrètent des responsabilités collectives, quand sous les prétextes les plus odieux ils tuent les maris, s'emparent des femmes, quand ils ne sentent pas leur férocité s'apaiser aux larmes des enfants, quand rien n'est sacré, pouvez-vous fermer votre âme à de tels cris de douleur, la désintéresser au sein d'un si universel désastre? Vous ne seriez pas alors le comte de Bismark, auquel, tout en plaignant ma patrie, je rendais hommage quant à la grandeur de vos desseins.

IV

C'était au moment où vous ouvriez la marche qui devait à mon sens, si l'on n'y prenait garde, avoir pour dernière étape Paris. Constituer l'Allemagne, — faire un grand empire du Nord avec les annexions du Hanovre, de la Hesse, du duché de Nassau, de Francfort, des autres États jusqu'au Mein, — y joindre le Schleswig-Holstein, par lequel la Prusse arrive à la mer; — tel était votre dessein avoué.

Ce n'était qu'une partie du plan.

L'autre consistait à établir entre le Nord et le Midi ces liens qui devaient être les premiers anneaux de la réunion sous le même sceptre. Voilà ce que vous étiez en train d'accomplir! Plein de dédain pour les utopies de l'empereur Napoléon III, vous ne deviez pas tarder à bafouer de votre ironie les élucubrations applaudies de M. Rouher. A peine les avait-il évaporées dans son ridicule système des trois tronçons, vous laissiez apparaître trois jours après les traités secrets qui livraient l'Allemagne du Sud au dominateur du Nord. Ce jour-là vous aviez fait en principe l'empire d'Allemagne. Hélas! le sang de la France devait en être le baptême; c'est à Versailles que vous avez voulu en célébrer la cérémonie.

Par une ironie du sort, et moi je dis par un châtiment de la Providence, sous le règne de l'héritier du grand Napoléon, autrefois protecteur de la Confédération du Rhin, un ministre audacieux s'est rencontré, c'était vous! L'empereur des Français en ramenant tout à sa préoccupation dynastique avait maudit la loi qui plaçait la garantie de la France dans la sécurité de l'Europe. Vous avez pris à la lettre ses paroles insensées, vous avez en conséquence achevé l'abolition des traités de 1815, non pour nous en rédimer, mais pour faire de votre Prusse le chef d'un grand empire central.

C'est alors qu'après avoir pu entrevoir la profondeur de vos vues, servie par un génie sombre, mais puissant, nous poussâmes le cri d'alarme, celui-là même auquel vous m'avez fait l'honneur de répondre. Le public européen qui chaque jour adhère à l'anathème prononcé contre l'homme de Sedan, peut juger à la flamme sinistre des événements, si c'était de ma part songe ou vérité. Comme je le disais alors dans un langage qui semblait exagéré, et qui n'était qu'une pâle anticipation sur la réalité, j'avais voulu montrer au présent *ses complications*, à l'avenir *ses périls*.

Mes écrits alors, Monsieur le Comte, témoignent ce que j'attendais de cette postiche représentation nationale;

ce que je redoutais surtout, c'était la perfide incapacité de celui qui devait être plus tard l'homme de Sédan.

Un souvenir va caractériser combien mon alarme était juste. C'était le jour où Paris, dans l'ivresse, apprenait que l'Autriche avait cédé la Vénétie à l'empereur des Français, pris par elle pour arbitre : au sein d'un brillant monde officiel, où l'on ne voyait que triomphe dans un idéal avenir, je restais enveloppé dans le silence de sombres pronostics. Sur la question qui me fut posée si je ne trouvais pas l'hommage glorieux? Sans doute, répondis-je, mais le temps est venu d'avoir du génie : l'Empereur en avait un grand, en effet, malheureusement, ce n'était que celui de la désorganisation dans sa haine pour le passé, pour les vieilles races : c'était un grand révolutionnaire. Dépourvu de l'enthousiasme de la foi, il s'était enfermé dans le machiavélisme du calcul. Si comme le dit Vauvenargues : les grandes pensées viennent du cœur, sa vie d'infidélités, de parjures et sa fin s'expliquent : il n'avait que le viscère des appétits de l'ambition la plus vulgaire.

Votre rare sagacité avait pris à Biarritz la mesure de ce personnage au nom immense, à l'âme lilliputienne. Quel a dû être votre dédaigneux sourire en le retrouvant à Paris dans les pompes de Sardanapale, tout comme si elles pouvaient cacher la mystification dont vous aviez été le Méphistophélès! C'était Arlequin sur un trône, revêtu d'une peau d'emprunt, jetée sur son avilissement. Au-dessous, une corruption immense qui endormant le présent, devait former le marais dans lequel s'est submergé le nouveau Pharaon; mais celui-ci, au lieu de courir à l'ennemi pour s'engloutir aux flots d'une mer Rouge, ne poursuivait pas vos Prussiens : il sollicita la grâce de vous livrer son épée pour soustraire sa personne au péril. Là, il me semble, la logique, d'accord avec l'humanité, devait mettre un terme à cette hécatombe. Loin de là : la guerre est devenue l'extermination dans cette France qui faisait les délices du monde. Vos soldats, répandus partout, ne connaissent plus ni frein ni sentiment. Voici d'immenses armées qui couvrent un pays pris à la gorge pour la faute d'un seul ; vous le savez bien, puisque vous l'avez dit. Cependant on frappe l'innocent, on saccage les plus humbles comme les plus somptueux asiles, on massacre, on fusille, on ravage, ô horreur ! on est allé jusqu'à affirmer que la pudeur de la vierge était devenue la proie des profanateurs. Oui, en portant cet écho à votre oreille, mon but est surtout d'obtenir de votre puissance et de votre cœur de père, un mot souverain qui serait un talisman contre de tels attentats.

Les actes d'une aussi douloureuse tragédie ne sauraient impunément être offerts au monde. Si les rois, les gouvernements, glacés de terreur, ou stupides d'égoïsme, assistaient impassibles à cet abus de la force, ce serait l'écroulement des dynasties : l'ancienne société s'évanouirait au souffle impur de sa propre indignité.

Sans doute, Monsieur le Comte, lorsque vous avez entrepris l'œuvre de la prussification de l'Allemagne sur la ruine des traités, il était facile alors à l'esprit politique d'entrevoir l'avenir. Vous éleviez le robuste Hercule qui, armé de la massue germanique, au premier choc, devait terrasser ce fantôme d'empereur. Ce pronostic qui soulevait le monde officiel est empreint dans chaque ligne de la *Politique nationale* que vous m'avez fait l'honneur de lire. Ce qui, soit dit en passant, montre au sein de tant de travaux que rien ne vous échappe de ce qui est un indice sur l'océan de vos investigations.

Je ne me faisais pas illusion et je ne vous ai jamais pris pour un casuiste de la morale. Mais en faisant la part des faiblesses, des nécessités qui servent d'excuse à l'infraction aux lois, je ne puis croire que ces faits lamentables, ces horreurs sortent du parti-pris du machiavélisme d'insensibilité qu'on vous attribue. Une soldatesque effrénée, en proie à toutes les impulsions corporelles de la vie des camps et des préjuges de race, marche répandant ces horreurs. Écoutez l'anathème qui s'élève du sein des nations pour retentir dans l'histoire. Pour la répéter, il y a une plus grande et solennelle voix que celle de Tacite. La conscience humaine l'a déjà caractérisée en trois mots : *l'épouvante de l'horrible.*

Sous l'empire d'une ambition formidable, vous ne sauriez absolument dépouiller ce qui, à certaines heures, ressaisit les plus insensibles, l'aiguillon d'une conscience troublée. Laissez à un humble que l'abus de la force n'a jamais enrôlé parmi les déserteurs de la vérité, vous rappeler que dans 2,000 pages, où votre nom revient sans cesse, autant au point de vue allemand, j'ai dû constater la grandeur de votre œuvre, autant à l'égard de ses conséquences pour mon pays, j'ai exhalé mes craintes aujourd'hui confondues dans la douleur du patriotisme frappé, palpitant, sous les crêpes du deuil.

<h2 style="text-align:center">V</h2>

Le sang coule à torrents ; dans les âmes s'accumule la colère. A quelle hauteur ne l'élèveront pas pour les âges futurs, ces montagnes de cadavres, de ruines fumantes de la propriété, de l'industrie et de la vie humaine ! L'éternelle justice qui jamais ne se dément, aura donc à faire subir de nouvelles et formidables expiations.

Tous nous relèvons de Dieu. Les César, les Alexandre, Frédéric, Napoléon, Guillaume, ne peuvent lui échapper. Chacun de nous tombe à l'heure suprême. Qu'est-ce dans cette cascade des siècles, que les hurrahs de la victoire? Que sont des jours fugitifs et les lauriers devant l'éternité? Les couronnes, le génie, les plus superbes triomphateurs se sont évanouis, il ne reste que la responsabilité. Ce jour-là, le charbonnier, que vos soldats auront meurtri dans sa cabane, la vierge que les affamés de grossière luxure auront profanée, malgré ses cris, au regard d'une mère désolée, sous le rugissement de ceux qu'embaumait le parfum de ses vertus, ah! ce jour-là, les victimes rayonnantes dans leur gloire verront leurs bourreaux tomber foudroyés ! Ce sera l'effet d'une simple parole plus puissante que les fusils à aiguille et les canons Krupp : « Allez maudits ! »

Puisque par un privilége qui n'est pas inhérent à ma personne, mais à la vérité qui correspond à des centaines de milliers de lecteurs, aussi bien ai-je un devoir à remplir. L'auteur de l'*Homme de Sedan*, qui répercute l'écho que trouve la vérité prise au vif de la conscience universelle, continue donc sa mission. Il s'appuie sur la foi, c'est à ce titre qu'il vient faire un appel. Il l'adresse à Monsieur le Comte de Bismark, non pas au ministre, il en réfère à Guillaume et non pas au conquérant : il en appelle au prince Frédéric-Guillaume que j'ai vu et admiré à Paris, un soir, dans un soleil de beaux regards qui s'attachaient au héros de Sadowa. Enfin nous faisons cortége à M. Thiers dans son noble et pathétique exposé à l'Europe et à la postérité.

Nous le disons sans crainte : quand on n'est ni athée ni corrompu dans la partie divine des sentiments essence du chrétien, non, on ne peut assister impassible à l'horrible spectacle que déroule cette guerre. N'est-ce pas l'éruption de tous les bas et féroces instincts? Cette insulte à la civilisation ne peut que démoraliser les peuples. L'homme qui s'agite devient l'instrument de sa propre ruine. Ainsi a fait Napoléon. Que pense-t-il à Wilhelmshœhe des voix qui lui montraient la fragilité de la puissance qui se sépare de la moralité? Que d'exemples se dressent devant vous, Monsieur le Comte, pour témoigner que les rois recrutent les révolutions en étalant, devant les peuples, la doctrine en action « du fer et du feu. » Ce qui en reste de plus incontestable, c'est un mélange sinistre de souvenirs irrités par la haine. De pareils attentats, ces villages en flammes, ces témoignages inscrits sur les murailles de la pluie des boulets et des bombes, ces populations courant prises d'une panique, sans asile et sans pain, les cultures détruites, ces débris informes tels que nous les avons vus à Sedan, qui étaient hier le printemps de la jeunesse, le soutien de famille, ah! si l'hécatombe sur cette échelle ne fait pas éclater le sanglot, ne soulève pas l'anathème, c'est que ce siècle-ci, après avoir rejeté la partie divine et mélodieuse de l'âme, ne présenterait plus qu'un bétail humain passif pour l'holocauste. Est-ce que devant la logique implacable mêlée aux révoltes du sentiment outragé, aux malédictions des mères, un intérêt dynastique ou politique qui a un pareil baptême de sang, ne doit pas être frappé à son tour? Le râle de la mort, les protestations des victimes, l'odeur de toutes ces putréfactions qui du champ de bataille asphyxie l'atmosphère de l'histoire, ne doit-il pas, dans un laps rapide, rallier contre les royautés les plus impérieux sentiments de la justice humaine? Dire que vous, — un roi, — êtes pourvu du droit, à un signe de votre main, de faire égorger deux nations! Qu'étaient les meurtres du Cirque comparés à ceux qui viennent de s'accomplir sous nos yeux? Songez aux pères, aux mères d'Allemagne, au moins ! Eux aussi (je tire mon jugement du souvenir des scènes déchirantes dont j'ai été le témoin en 1866), oh! ce n'est pas sans stupeur qu'ils disent l'adieu du départ de guerre, avec les larmes du désespoir, à leurs maris et aux fruits de leurs entrailles.

Vous ne pouvez l'ignorer, Monsieur le Comte, comme je vous l'écrivais un jour : vous savez tout ; si vous ne le saviez pas, vous le devineriez. Je ne viens donc pas contester la clairvoyance de votre esprit.

C'est ainsi que vous fournissez au socialisme ses arguments et ses armes les plus redoutables. Le fleuve de la gloire ne peut laver la route ensanglantée par de tels désastres.

Si cette guerre de cannibales suit son cours, alors rien ne vaut plus, rien n'est sacré, plus de pudeur, de pitié.

La domination est à celui assez fort pour frapper ; la fortune appartient au bras assez assuré pour dérober impunément dans sa rapacité.

Descendant des hauteurs de vos combinaisons, échappant aux fanfares que font résonner les échos de Versailles, le roi, son fils, vous, prêtez un instant l'oreille aux échos plaintifs attachés à ces noms, Sadowa, Wissembourg, Wœrth, Sedan! Songez à quel prix de vies humaines et de ruines s'achètent ces bombardements, ces prises de citadelles ; remontez le cours des désespoirs qu'a faits votre politique! A moins d'avoir les fibres du cœur coulés dans le bronze, vous éprouverez ce que tous ont ressenti et manifesteront chaque jour plus sensible, c'est la douleur mêlée d'indignation.

Oh ! vous savez ce qu'il y a de laves, de colère, de mépris qui s'élaborent dans les profondeurs de l'âme de l'humanité en proie à une pareille épreuve.

Ce n'est plus l'exécration isolée d'une ville, c'est le crucifiement d'un peuple que vous présentez au monde, c'est l'expropriation de ses droits, gloires, souvenirs; c'est l'anéantissement d'une race.

Tel n'est pas le terme, Monsieur le Comte, de la démoralisation, de la fraude légalisée dans le sceau du droit divin où vous voulez aboutir. Sur ce terrain où vous avez porté 600,000 hommes, vous feriez cent Sedan, vous relèveriez, à l'aide des Bazaine traître à la patrie qui le renie, cent empereurs de lâche et criminelle usurpation, eussiez-vous pour complices les rois vos vassaux tremblants à votre voix, vous n'arrêterez pas, vous n'étoufferez pas celle de la conscience humaine. Eussiez-vous rendu muet le continent, comme au temps de l'univers romain en servitude, vous verriez la liberté anglaise braver votre puissance. Vous pourrez multiplier vos bataillons, à l'instar des rois perses contre les Grecs, vous pourriez traîner des armées plus nombreuses que celles de Xerxès, qu'importe, la mer est là. Elle se rirait de vos menaces. A défaut des hommes, le souffle de la colère de Dieu soulèverait les vagues; dans le murmure inapaisable de leurs voix courroucées, elles vous apporteraient la terreur de l'abîme déposant contre vous :

« Malheur à la nation, à ces chefs qui ont fait ces choses, ont répandu cette épouvante, ont marché dans le meurtre et la spoliation. A eux l'anathème séculaire : ils n'ont d'autre pouvoir contre l'abîme que celui de s'y précipiter eux-mêmes. Au-dessus de ses profondeurs incommensurables, il y a la justice divine : il y a l'éternelle malédiction de la terre remontant au ciel en soupirs plaintifs, que pouvez-vous contre ce concert? »

Vainement vous lancerez des circulaires habiles où votre esprit volera sur la double aile de l'aigle prussien. Il y a mieux à faire, c'est de mettre votre conscience au niveau de votre génie politique, de tenir l'un et l'autre dans l'esprit de l'humanité. Ah ! vous recueillant; dites-vous, devant Dieu, devant les hommes, puis-je continuer ces abominations? Les lois militaires qu'oppose M. de Moltke aux revendications du génie respecté par le monde du sage Thiers sont elles une fin de non-recevoir admissible ?

Non, Monsieur le Comte, l'auteur de l'*Homme de Sedan* ne vous a pas jeté un avertissement isolé : le monde l'a fait sien. La grandeur de votre pays ne demande pas que vous étendiez le sacrifice du Golgotha, à toute une nation pour la faute de celui que vous avez vous-même flatté avant de l'abattre. Comment la France confiante ne se serait-elle pas laissé prendre, en voyant votre roi briller dans l'hospitalité impériale? La faute n'est pas au peuple abusé, mais à l'homme abominable que j'ai dénommé pour l'histoire. L'univers n'a-t-il pas consacré le titre de mon livre, l'*Homme de Sedan*. Ce nom qui est une honte, l'emblème de la fatalité, on vous a accusé de vouloir en déshonorer le diadème; j'ai refusé d'y croire. A la hauteur où vous êtes, on ne met pas la main dans celle qui a pu vous livrer Sedan, mais sans nul doute est l'objet de votre dégoût.

## VI

Je veux achever, Monsieur le Comte : tel j'ai été, par ma pensée, restée libre devant ce dictateur dans son terrorisme, tel je veux être devant votre puissance. J'obéis à ma conscience. — Croyez-le. — Où il y a la conviction forte, il y a le refrain *Sursum corda*.

A défaut des voix que votre blocus intercepte, il y a celle qui hors le cercle de fer dont vous environnez Paris exhale les soupirs de ce grand chœur qu'on appelle l'humanité !

Mépriser celui que vous avez déclaré seul responsable, c'est votre droit. Nous persistons à croire qu'on vous calomnie par l'imputation que vous voulez livrer l'âme, le corps sanglant de la victime, la France au captif qui ne s'échapperait de vos mains que pour redevenir son bourreau.

La thèse que j'ai soutenue avec tant de raison, dans l'*Homme de Sedan*, a donc des témoins à charge, irrécusables, ce sont les écrits de l'empereur et des associés de ses ténébreux complots. Le ciel a voulu que les archives de Saint-Cloud (1) confondissent l'accusateur de la France.

---

(1) Parmi ces curieuses pièces se trouvent une demande du ministre de la marine pour savoir le matériel disponible dans les magasins de Cherbourg pour une campagne dans le Nord, les sollicitations les plus ardentes adressées par Persigny à l'empereur au sujet de sa résolution belliqueuse, le télégramme enthousiaste d'Ollivier sur le ton hautain de Gramont ratifié par les applaudissements de la Chambre, sauf un petit nombre; c'étaient les sages insultés par les fous, qui de même que *les imbéciles,* suivant l'expression du chevalier de Boufflers, sont en majorité : Avis aux préfets pour faire chanter la *Marseillaise.* Il y est question de la jonction du Danemark à la France en cas de guerre. Quel conspirateur compromettant pour ceux dont il a espéré ou tenté le concours !

Il est curieux de le placer en face de l'anathème d'un des journaux attachés à votre politique le *Kladderadatsch*, au moment de la guerre ; il est dans la forme biblique qui révèle une âme élevée dans le culte évangélique : « Que sa langue parjure se dessèche, que sa main soit paralysée, que son pied roule dans la poussière où il veut enfouir une nation. »

Voici comment a été caractérisé en Allemagne l'hôte de Wilhelmshœhe. Sa carrière ne fut qu'une conspiration, où la perfidie contre les vieilles races avait pour complément son infidélité aux peuples qu'il avait abusés par un mirage de démocratie militaire. Il y a des gens qui vous font, Monsieur le Comte, l'injure de vous faire comploter contre la France et l'Europe avec ce fantôme : on vous allie avec ce dégradé du trône, que votre main a renversé et qu'elle serait disposée à rétablir. Moi je dis, c'est assez du sang versé à flots, sans que ce stigmate d'une conjuration, sans précédent, vienne provoquer le mépris universel allant se buriner dans l'histoire. Pour cela il n'est pas besoin d'un Tacite, il suffit d'un homme de cœur. Atlas soutenait le ciel sur ses épaules, le comte de Bismark ne relèvera pas cet éclopé sous le poids de toutes les forfaitures. Que de malheureux frappés par la justice, au nom de Napoléon, qui en regard de ses noirs forfaits, eussent semblé des saints !

Je ne suis donc qu'une note de ce chœur qui abjure le démon de la guerre, en déposant pour la postérité contre celui qu'elle n'absoudra pas.

Entendez ces voix qui s'élèvent et disent : « L'hécatombe humaine ne peut continuer, sans que la justice divine ne foudroie les meurtriers. La paix, voilà ce qui se murmure et bientôt éclatera avec l'irrésistibilité de la force du droit humain, il ne peut être noyé dans le sang, sans que la vapeur qui s'en élève ne mette au front des races le signe maudit. Le prince des ténèbres lui-même ne peut plus faire disparaître l'empreinte, car c'est l'arrêt de la vengeance divine qui l'imprime.

## VII

Il est une limite aux sophismes qui, sous la fumée d'une vaine gloire, voue à la mort l'élite des nations, dans ce duel fratricide. La victoire ne laisse pas moins que la défaite une désolation au cœur des mères, des sœurs, des familles, frappées dans leur affection comme dans leur existence. Si l'opulence voit s'engloutir ses rentes, le travail voit cette ressource de la ruche ouvrière se tarir; la noire misère vient glacer le foyer où était la joie. Si le droit divin dont Guillaume s'intitule le représentant ne pouvait tenir debout que sur ces amas de cadavres humains, il serait la loi infernale promulguée sur la terre. Devant cette série frémissante d'holocaustes et de désastres, la réprobation terrestre est l'avant-coureur de l'expiation divine. Il faudrait que l'intelligence fût bien obscurcie par les fumées de la victoire, pour ne pas apercevoir aux murs de son apothéose les terribles caractères *mane, thecel, phares*.

Cette usurpation arbitraire, sur les droits à la sécurité, à la vie, sur les inclinations civilisatrices de la fraternité, cette obligation de s'entre-tuer, imposée par des intérêts et vanités dynastiques à la créature, à laquelle Dieu a prescrit la charité, poseraient les monarchies sur l'ignorance et la perversité de leurs instruments. Alors devant ce droit de mort qui serait leur essence, les peuples pour ne pas être traînés sur ces Golgothas du massacre collectif, n'auraient plus qu'à faire voler en éclats les trônes auxquels s'attacherait l'obligation de si atroces nécessités. La patience la plus servile elle-même a ses limites.

Au moment où de nouvelles commotions, des luttes gigantesques, à chaque instant rencontrent des étincelles fulminantes pour embraser le monde, nous supplions les chefs d'États et nous avertissons la Prusse de ne pas légitimer le droit aux représailles du droit populaire. Il n'y a qu'une bien restreinte tribu de princes, feuillage aux palmes d'or disséminé sur l'océan que forment les sujets. Que leur colère soulève une vague, c'en est fait des rois et de leurs priviléges, dont la meilleure chance est de ne pas se faire discuter. Qu'est-ce donc, s'ils se font abhorrer?

L'émotion de mon langage provient de mon culte pour le gouvernement constitutionnel, auquel toute ma vie a été consacrée. Dans ce temps où il en est un trop grand nombre toujours prêts à se glisser du lit de la veille dans celui des prospérités du lendemain, je croyais que le passé qui s'ouvre au rayon de la liberté a des garanties qu'on trouve rarement chez les parvenus à la puissance, trop enclins, à l'oppression ! Quelles déceptions ils ont fournies à notre âge !

## VIII

Monsieur le Comte, si vous n'êtes pas le maître, votre voix arrive écoutée aux oreilles de votre roi. Au surplus, vous lui avez rendu assez de services, vous lui avez

assez ménagé de triomphes, pour être intitulé à ce privilége. Ce n'est pas seulement de la convenance c'est aussi
une preuve d'esprit et de la juste appréciation des hommes,
de la part du futur empereur. Vous avez dans votre carrière des phases terribles correspondant à votre devise
du *fer et du feu*. Vous en avez fait un usage auquel il est
une autre règle à substituer qui vous fera plus grand. —
Rendez possible le retour à la paix. Ne poursuivez pas le
crucifiement d'une nation généreuse et grande qui, sans
l'homme de fatalité et de trahison pour les crimes duquel
elle paye la plus terrible des rançons, elle n'eût été
jamais traînée sur cette litière de sanglantes défaites et
de honteuses capitulations qui vous ont livré ses armées.
Les plus beaux triomphes que ne coûtent-ils pas? C'est un
terrible compte à solder. La guerre sacrifie le peuple.
Nous avons connu le vôtre bon, ouvert aux émotions
douces, ami de son foyer, adorateur de la famille et du
*home*. Grand Dieu, qui a pu le changer ainsi? En se
rappellant ces Allemands rêveurs et leurs *lieds*, on les
retrouve cannibales aux chants féroces. On dirait que la
douleur de leurs femmes, de leurs enfants, leur arrivant
en écho plaintif, leur inspire la fureur de la répandre où
ils passent.

Vainement les poëtes et les historiens de cour, à la
façon de ceux que l'esprit public stipendié fournissait à
l'empire, pourront tresser des couronnes; le cœur qui
pleure de pareilles pertes, est comme Rachel, inconso-
lable. En deçà comme au delà du Rhin, j'en appelle à ces
femmes désolées aux souffrances dont la guerre est
l'impôt.

C'est pourquoi les peuples doivent ne plus s'égorger
entre eux.

Dieu a dit, dans un sens absolu : Vous ne tuerez pas. Sans ce principe, le conflit une fois engagé, va plus loin encore : la bataille finie, l'extermination suit. Qu'est-ce autre chose que ces incendies, ces malheureux pris à partie, fusillés pour des faits auxquels ils sont étrangers, mais dont ils ont souffert, avant que vos officiers n'y ajoutent le dernier supplice? — Affreux cela est. — Le vainqueur de la veille est le vaincu du lendemain. Est-ce que vous ne frémissez pas devant la perspective de cette émulation dans la barbarie?

IX

Je termine, Monsieur le Comte, cette longue lettre. Encore est-ce peu dans un sujet qui renferme la tragédie humaine, et la présente sous toutes ses faces épouvantables, à cette galerie qui est aujourd'hui le monde contemporain, qui sera demain la postérité. Peut-être vous ne me lirez pas. Vous n'y êtes pas obligé. Je sais que le monde m'approuve : je sais que j'aurai pour moi le cœur sensible de la femme, cet ange du foyer, et le concours du philanthrope ; je trouverai de l'écho dans quiconque croit à Dieu et veut relever de la civilisation et non des impulsions de la nature sauvage. Cela me suffit : cet assentiment, c'est ma force. — On peut terrifier le corps, on n'a pas de prise sur l'âme. — Sentir cette correspondance avec ce qui est honnête et éclairé, voilà ce qui donne au langage sa fierté et met dans les actes cette foi qui en légitime la franchise. Grand vous serez véritablement si votre voix puissante dit : « Assez d'horreurs, la paix! »

Oui, la paix, Monsieur le Comte, voilà le pacte qui

devrait faire tomber les armes du meurtre des mains des deux grands peuples dont, suivant vos propres termes à moi adressés, « l'alliance est nécessaire à la civilisation. » Conseillez-la donc cette paix, sans qu'elle fasse déroger la France par une humiliation qui serait de trop dans le malheur qu'elle a eu de trouver la fatalité incarnée dans un empereur, l'hôte de Wilhelmshœhe, *l'homme de Sedan*.

C'est dans ces sentiments et avec la plus haute considération que j'ai l'honneur d'être,

Comte ALFRED DE LA GUÉRONNIÈRE.

Bruxelles, le 26 novembre 1870.

# LA SITUATION DÉFINIE.

Au sein des ténèbres, des vapeurs de sang, des horreurs qui s'accumulent pour le monde, une parole vient de faire la lumière. — Le grand historien national, comme le proclamait un jour son proscripteur, Napoléon III, après tant de services éclatants, de prophéties méconnues, tristement réalisées, a ajouté à ses œuvres immortelles une splendide page. Elle servira de flambeau aux historiens futurs. Elle confirme ce que nous avons dit nous-même contre l'homme de Sedan. M. de Bismark ne saurait s'y tromper. L'excuse présentée par l'hôte de Wilhelmshœhe était une calomnie contre la France. La mauvaise foi du conspirateur éternel, de l'incurable ambitieux, estropiait la vérité.

Il est inutile de rappeler la filière génératrice de cette guerre, nous l'avons fait ailleurs. Un jour, l'éminent homme d'État, sous la direction duquel la France n'eût pu être conduite à ce sanglant calvaire disait : « l'empire

a produit deux grands ministres, M. le comte de Cavour,
M. le comte de Bismark. »

C'est ainsi que le gouvernement de Napoléon, par la
fausseté de sa situation réduit à une vie artificielle était
devenu une serre chaude, où la formation des utopies,
des hérésies politiques du socialisme, tour à tour encou-
ragé ou refréné, *ad opus causæ*, devait par l'excès de
l'incubation corruptrice, amener une dissolution. Cela
ne pouvait faire doute, l'heure seule était incertaine.

La défaite de Sedan venant terminer la série par la
captivité du chef et une armée livrée à l'ennemi, la république surgissait forcément. La préoccupation dynastique
qui s'acharnait à retenir un pouvoir dont l'avaient desti-
tuée ses propres fautes, s'est évanouie saisie de peur, à
la première explosion du mépris public. La France, à
l'apparition du gouvernement provisoire qui trouvait tout
compromis n'avait ni à adhérer, ni à récuser. Elle a subi
passivement. Elle n'a pas eu à se prononcer, car les comi-
ces (et il faut le dire dans ce trouble, les esprits flottaient
sans vue distincte) n'ont pas été convoqués. La question importante relativement à la guerre ne lui a pas été
posée : pouvait-elle même la résoudre? Le pays se ren-
dait-il bien compte de la situation? Avait-il la conscience
des moyens et du but?

Nous pensons que le régime d'illusion, de fausse optique, dans lequel l'empire avait égaré l'opinion, lui laissait
peu de chance de choisir la bonne route.

Le gouvernement provisoire surgissant donc au sein
d'une débâcle qui laissait peu de facilité et de res-
sources à la tâche qu'il entreprenait.

Tout est par terre; il n'existe plus de représentation
nationale, départementale, communale. La république

qui n'a pas même été ondoyée attend encore le baptême de sa consécration par le suffrage universel. Il y avait pour cela un moyen bien simple, il suffisait d'appeler les communes de France à choisir des délégués nommés par chacune d'elles, qui, en se réunissant au chef-lieu du département, auraient député à leur tour les membres dits de *l'assistance de la défense nationale*. De la sorte, en évitant les compétitions d'ambition personnelle pour le choix de députés, difficile dans les circonstances, on obtenait une force, un concours propre à aplanir bien des difficultés et à calmer les inquiétudes. C'était aussi le meilleur remède pour préparer la guérison des plaies laissées par l'empire.

La contagion socialiste dans les centres ouvriers a été un grand trouble. Les meilleurs gages de paix et de réparations de tant de désastres se trouvent dans les pratiques sincères d'un gouvernement constitutionnel sorti de la libre expression des sentiments du pays. Mais le suffrage universel empoisonné par l'empire, est-il assez éclairé pour se diriger sur cette route, sans aller d'un fossé à un autre. Jusqu'à présent, il s'est montré tour à tour le jouet servile des uns, l'instrument séditieux des autres.

Ce n'est donc pas lui qui a poussé l'empereur ; mais bien ce dernier qui se faisant un titre du blanc-seing du plébiscite a lancé la France dans la plus folle des aventures. Confiant dans le succès, il a saisi une occasion qui lui semblait propice ; M. de Bismark et la Prusse ont relevé le gant jeté par un homme qui n'avait pas moins surpris la volonté nationale que le pouvoir d'en disposer.

Deux principes comme deux régimes opposés allaient se mesurer : la Prusse est gouvernée par un roi de droit divin ; sa hiérarchie, l'élément aristocratique dans ses institutions et dans ses armées forment une monarchie militaire. L'empire français était un mélange hétérogène d'arbitraire, de fausse démocratie, de principes hasardés. Partout la fiction : sous une apparente force, se glissait le relâchement de tous les ressorts politiques et des liens sociaux. Cette confusion favorisée par le président de la république pour arriver, par elle, au trône, l'empereur devait la placer dans le cours de sa politique, intérieure et extérieure. Voici pourquoi : il avait promené d'un cabinet à un autre ses tentatives, ses projets de remaniement, plutôt dans les tendances occultes que dans un caractère bien défini. Son idée fixe qui entraînait une série incalculable, était l'abolition des traités de 1815, cette base de l'Europe et la garantie particulière de la France.

Ce fétichisme du nom le plus antipathique qu'on put offrir à l'étranger égarait aussi le sentiment national.

Il ne faut pas tomber d'un mal dans un autre, de Charybde dans Scylla ; l'empirisme des faux docteurs qui font dépendre la France de la domination exclusive d'une forme politique, ceux-là qui de gré ou de force prétendent la subordonner à leur utopie, lui ménageraient des épreuves bien décevantes. Que Dieu la garde pour son salut et celui du monde solidarisé dans sa cause. Ce n'est pas le radicalisme, le socialisme avec ses ivresses offertes à l'ignorance qui la sauveront, loin de là. Qui pourrait mesurer la profondeur de ce gouffre non moins profond que celui où l'empire a entraîné la noble nation.

Si elle a été imprévoyante en se livrant à la débauche du sortilége napoléonien, au moins vient-elle sanctifier son infortune par le plus sublime héroïsme. Voilà le spectacle qu'elle donne au monde. Sa grandeur n'est pas une moindre gloire que celle de ses anciennes victoires.

Vainement le captif de Wilhelmshœhe vient-il jeter sa parole sans valeur à ces évidences. Le monde la couvre du *tolle* qui rétentit contre le rêve insensé d'une restauration bonapartiste. C'en est fait, quoi qu'il arrive, la France ne saurait, comme l'a dit M. Thiers à M. de Bismark, être condamnée à cette dégradation. Le projet de Bazaine de se mettre pour une pareille campagne, à la tête des troupes qui ne l'y auraient pas suivi, découvre un soldat félon égaré dans le champ d'une politique de ténèbres. C'est bien là que revient l'à-propos de cette pensée de Montesquieu: « L'Europe sera perdue par les gens de guerre. »

# LA VOIE SINISTRE IMPÉRIALE [1].

Est-ce assez d'enseignements pour faucher les dange-
reuses illusions qui, répandues par le gouvernement per-
sonnel, ont conduit la France où elle est. Le malheur, ce
grand maître de la race humaine, retrempe les caractères.
Mais que d'intérêts sont broyés sur la dure enclume où
il les pose pour frapper ses coups.

Vainement, le regard anxieux, appelle des hommes
d'État véritables, à la tête desquels Berryer et Thiers
dominaient la scène de la hauteur de leurs vues et du
caractère, — la nation voulait marcher dans la paix
constitutionnelle : on ne le lui permettait pas, on insultait,
on calomniait ceux qui venaient dégager la vérité des
fantasmagories. Voici par quels courants détournés,

(1) Il y avait à Rome, longtemps la reine des nations, de même que Paris, une voix
sinistre, dont il est souvent question dans les harangues et les écrits latins. Ce souvenir ramène à la physionomie, à la marche des deux personnages dont il nous a été
donné d'être le photographe et le topographe.

l'Empire a pu naviguer 18 ans. Il était une surprise à la terreur qui annihilait les uns, à la cupidité qui ralliait les autres, à l'indifférence qui engourdissait le plus grand nombre. — Pour maintenir ce monstrueux état de choses, il a fallu faire litière de tout ce qui était tenu ailleurs pour sacré. Le palladium des sociétés fortes c'est la moralité. L'histoire prouve que dans les luttes de nations, de races, de gouvernements, la victoire finit par rester, en fin de compte, à la véritable supériorité. Elle ne consiste pas dans les raffinements d'une civilisation énervée par les jouissances qui éteignent et enfouissent l'âme, mais dans la pratique des vertus qui donnent la vraie grandeur. — Montesquieu, Gibbon, Chateaubriand, Thiers, Lamartine ont fait étinceler cette vérité, hélas! bafouée par le napoléonisme et son état-major d'écrivains formés dans les bureaux de l'esprit public. Que de faux hommes d'État dont les oripeaux chamarrés de croix étaient offerts à la foule comme un signe de valeur! Mais ce n'est pas l'empreinte, c'est l'homme qui est le métal précieux.

## I

La tradition des âges, les pondérations constitutionnelles, les coopérations les plus patriotiques, les supériorités de l'intelligence, celles de l'éducation, la valeur des travaux de l'esprit, la concordance des actes avec les opinions, tout cela, sous l'Empire, ne s'escomptait plus. Il fallait être bonapartiste : il fallait déserter l'esprit national pour l'idolâtrie qu'on devait nécessairement porter au souverain. On ne pouvait franchir les barrières élevées contre la noblesse du caractère et la délicatesse du sentiment.

Voilà l'origine de la démoralisation qui, par la décadence, préparait l'abîme.

On avait déraillé des idées d'honneur qui ont fait la carte de France, c'était la légitimité. — Qu'on était loin aussi des principes libéraux qui, plus sûrs que la conquête, projetaient sur l'Europe l'influence morale, à laquelle on ne résiste pas : la liberté constitutionnelle seule assurait ce palladium.

Mais tous ces souvenirs, l'empire plébiscitaire les profanait. Il présentait au peuple abusé la chimère de la souveraineté, et il détruisait les garanties, conquêtes du temps et des grands esprits.

Les lois étaient des ballons que pouvait faire tourbillonner à son gré la main livide d'un conspirateur. C'est ainsi qu'au milieu d'une immense ruine, on allait poser devant ce sphinx qu'on appelle l'avenir un redoutable problème, celui du socialisme.

# LE CRIME D'UNE FAMINE



Un grand poëte a dit : « Les songes sont les ombres du passé et les hérauts de l'avenir. » Parodiant cette pensée, il nous semble qu'il y a des souvenirs auxquels est attaché le don d'une intuition qui écarte les voiles du mystérieux avenir. Telles sont, ces affinités morales qui aidant l'âme à franchir le temps et l'espace, lui découvrent parfois l'invisible. Que d'exemples de ce genre sont venus confondre la raison des faits.

Au fort de la puissance impériale, nous visitions des lieux historiques et des ruines, avec un brillant parti de touristes. Arrêté à Chinon (Indre-et-Loire), nous passions d'heureuses heures dans le château qui est plein de Richard Cœur de lion, de Charles VII et de tant d'exploits de la lutte avec l'Angleterre. Nous étions dans la salle où la belle Agnès Sorel eut la première entrevue avec celui qui ironiquement appelé le Roi de Bourges, grâce à la vaillance qui l'entourait, redevint roi de France. Parmi nous se trouvaient deux cousins de l'empereur

Napoléon III, alors hôte splendide des Tuileries. Un d'eux grand amateur de littérature, nous lut une poésie qui nous fit frémir. Elle était d'un des compagnons du poëte grand seigneur qui alla mourir à Missolonghi, le chantre immortel de *Childe Harold*. L'auteur en était Moore, ou Shelley, ou Southey. Le voyageur sans livres ne peut vérifier. Mais rien n'est plus pathétiquement lugubre que ce tableau de la famine.

O ironie du sort! Le temps a renversé le César, sous le regard duquel la France avait de faux enthousiasmes nés de la terreur ou du servilisme. Néanmoins, sous l'impression de ces strophes, au choc des coupes écumantes sous le vin blanc de la Loire, nous osions montrer aux cousins, impériaux, une perspective lugubre. Cela semblait le rêve d'un esprit chagrin : la famine dont la strophe anglaise faisait tinter le glas funèbre, devait plus tard menacer la plus belle ville de l'univers. Puisse encore la fiction si terrible ne pas verser dans la réalité !

Aujourd'hui en face de ces perspectives écœurantes, il s'est fait un silence qui ne laisse plus les grandes voix exhaler leur tristesse ou leur espoir. Le monde cherche sa voie. Comme le disait le brave général Lamoricière, à défaut des chefs et des premiers rangs empêchés, c'est aux seconds, c'est à tous qu'est dévolue la tâche du salut. — Ainsi s'explique comment lorsqu'un éclair du courage prévoyant illumine l'horizon plein de ténèbres qui enveloppe la France, tous les regards et les cœurs y attachent l'encouragement de la sympathie.

Il faut regretter que le chemin pavé des illusions de l'empereur n'ait pas été abandonné par la république. L'armée, sous Paladine et Trochu, est mieux dirigée que sous leurs devanciers. C'est bien éclairé que nous avons fait le bilan de la politique bonapartiste qui a commis toutes les fautes et a légué tant de malheurs. »

Paris occupe une telle place et à quelque point de vue qu'on se place, il rend de tels services au monde éclairé par ses lumières, enrichi par lui, qu'il devrait être sous la protection des nations qui y ont tant puisé et qui perdraient une de leurs plus féconde commandite intellectuelle et matérielle. — Or le bombarder est un crime, l'affamer est une barbarie. — Jamais on ne fera adopter par l'âme qui s'élance aux attractions du sentiment humain ce calcul froid qui est le lent supplice de deux millions de créatures faites à l'image de Dieu, de frères condamnés, torturés. Ce serait effacer l'Évangile et les notions du sens commun.

Vainement se rejetterait-on, comme excuse, sur des responsabilités inventées ou surfaites, dans lesquelles on implique la nation trompée, exploitée, entraînée et finalement livrée par l'empereur mis au ban de la France et de l'Europe par le roi Guillaume lui-même.

Ce serait une triste excuse d'une fausse diplomatie, sous le masque qui ne peut s'autoriser du droit de représailles, car Napoléon I$^{er}$ n'a pas été à Berlin : peu scrupuleux qu'il était, à une époque moins humanitaire que la nôtre, il n'a pas donné à la guerre ce luxe d'absorption, de pillage, d'inventions terroristes, de notables pris comme ôtages, de ces enrôlements arbitraires pour monter sur les locomotives, de cette solidarité des villages, pour un coup de fusil égaré parti d'une autre main que de l'habitant, de cette dévastation, de ces incendies stérilisant la terre. Il ne reste plus que la misère précurseur des famines : ceci n'est pas dans les lois de la guerre entre nations civilisées.—Nous ne voulons pas faire de dissertation à cet égard, il suffit d'en appeler à toute âme qui n'est pas alterrée par le parjure des lois divines et humaines.

Qui peut admettre à leur encontre, la protestation, fin de non-recevoir de l'insensibilité de l'homme d'État implacable, ou les motifs déduits à M. Thiers sous l'autorité du grand stratégiste Moltke? Nous tenons son génie comme suffisamment attesté par tant de victoires, sans un nouveau et terrifiant témoignage. Encore une fois, on ne saurait trop se faire l'écho de l'émotion du monde; chacun s'aborde, témoigne une douleur indignée, aux perspectives qui se déroulent.

## I

L'idée de ce bombardement, que tantôt on annonce, tantôt on dit abandonné, fait courir le frémissement. Qu'on se transporte sur une hauteur qui laisse l'œil plein des angoisses de l'âme, planer sur cet affreux spectacle. Voici les bombes, les obus, les boulets, la mitraille vomissant une pluie de fer et de feu, la ruine, l'épouvante, la mort sur d'innombrables créatures étrangères à la politique; les plus beaux monuments, ces merveilles de l'art, ces chefs-d'œuvre du génie, qui sont lettres de noblesse de l'humanité ne seraient plus qu'un amas de débris informes dans une mare de sang! La chair humaine de ces milliers d'êtres, si beaux, si intelligents, de ces femmes attrayantes, de ces enfants dont la vue récrée et rend meilleurs les plus implacables, ces travailleurs qui modelaient toute chose pour l'univers, pourraient devenir un amas de pâte dans l'écrasement de leurs asiles.

Ce ne serait donc pas seulement la France qui serait frappée dans sa tête et son cœur, ce serait encore la civilisation qui serait fusillée par les balles prusiennes. C'est une richesse particulière, morale, intellectuelle, un dépôt central de l'industrie et d'un crédit universel formant le fonds commun où l'Europe entière pouvait puiser. C'était le fleuve d'abondance secondant les besoins, les commerces, les défrichements, les travaux, les entreprises utiles de l'univers. Qu'est-ce que les nations en détresse, riches même, ne lui ont pas emprunté? Qu'on suive la liste de tous ces milliards qui en sont sortis.

Est-il possible que des hommes venus du sein d'une femme chrétienne, même idolâtre, ne sentent pas leur chair frémir, au moment de faire l'abattis humain, dans des proportions que la fureur des siècles n'a pu atteindre encore? est-il un seul être, s'il a un cœur, une intelligence, s'il n'est pas un janissaire passif qui a anéanti l'homme dans le soldat mécanique, qui n'éclate pas en malédiction?

Le voyageur est comme Bias portant avec lui le trésor de ses souvenirs. L'écrivain, qui suit un ordre de faits à la vapeur, ne peut mettre, dans ses tableaux, que ses impressions, sans la couleur des grands maîtres.

## II

Qu'on veuille se représenter ce que le bombardement enfanterait de scènes d'horreur auprès desquelles pâlissent les récits des jours les plus lugubres de l'histoire. Indépendamment des canons Krupp, voici qu'on nous a annoncé contre cette ville de deux millions d'âmes, la menace du fort mortier dont on a éprouvé la puissance à Neufbrissach. Il a été rapporté que sous son action destructive, tous les bâtiments, excepté ceux mis à l'épreuve de la bombe, avaient été renversés de fond en comble. Est-ce que l'homme, les gouvernements peuvent aspirer à faire ces désolations, ces ravages qui rappellent ce qui nous est transmis sur l'effet des tremblements de terre ou des éruptions qui ont englouti Herculanum et Pompéi. Paris devrait-il, par arrêt allemand, ajouter un nom de plus au nécrologe fatal qui laisse émerger les noms de Ninive, Babylone, Jérusalem et de cette Alesia, la préoccupation constante de l'empereur, comme si c'était un pressentiment de ce qu'il appelait de périls sur la reine des cités?

Roi, ou plutôt Empereur d'Allemagne, Altesses qui l'environnez, esprits élevés dans les traditions de familles à l'empreinte chrétienne, comte de Bismark, baron Moltke, vous pourriez vous creneler dans l'impassibilité royale, princière, politique, guerrière ! Vous oseriez prononcer cette exécution si, comme vous le dites, il est en votre pouvoir de la réaliser, en dépit des forts de M. Thiers et de Trochu, leur habile et courageux gardien ! Quoi ! sans frémir d'horreur, laisseriez-vous tomber de vos lèvres l'ordre impitoyable : « Canonniers à vos pièces, qu'on détruise la gloire, qu'on éteigne la constellation de la civilisation européenne. »

## III

L'éclair part soudain, il enveloppe dans ses flammes dévorantes du feu grégeois renouvelé par la science moderne, femmes, enfants, vieillards, malades : — les citoyens de toutes nations, de tous langages, sont mis en pièces, défigurés, couverts d'horribles blessures, enterrés sous les décombres; — qu'on se figure un instant ce que cette mort, cette horreur peuvent créer de confusion, rouler d'émotions, exciter de sentiments, faire sentir d'angoises, abreuver d'amertume, terrifier de mères, faire crier d'enfants, dans ce long gémissement immense de l'agonie d'une pareille ville. — Qu'on se reporte par la pensée à ces scènes indescriptibles, où la victime c'est une population à défrayer un État, — qu'on se figure un instant ces multitudes courant d'un lieu à un autre formant l'exode intérieur. — De même qu'à Pompéi, lors de la colère du Vésuve (c'était un volcan), — eh bien, par l'effet d'une colère royale, on verrait les mêmes effets en 1870, non par un cataclysme de la nature, mais sous la froide préméditation de la volonté d'un seul. — Ce serait la fuite d'un quartier, des maisons, à d'autres lieux. — Vaine émigration !

Partout l'ange de la mort lançant ses foudres ne serait que le messager d'une royauté prise du délire de la destruction, le hérault d'une politique pour lesquelles l'avenir et les peuples n'auraient pas assez de malédictions.


## IV


Est-ce qu'il peut y avoir de la gloire alors qu'il faut en faire le compte avec ces crispations, ces convulsions d'une cité et de tant d'enfants de Dieu ? — Si la terre, glacée d'horreur, pouvait retenir l'expression de ses sentiments, est-ce que le suprême juge n'a pas inscrit et

signifié d'avance au meurtrier d'une telle hécatombe :
« Vous avez tué, vous avez désolé, vous avez fait d'un des
plus beaux royaumes de mon empire terrestre la vallée
des larmes, des horreurs, des massacres, des ruines : vous
avez tenu à gloire infernale de mettre, en lettres gigantesques, votre nom comme auteur, ordonnateur de toutes ces
funérailles qui pâlissent encore devant ce tombeau, où
vous avez plongé une nation entière, gloire du passé,
flambeau de l'avenir : il n'y a pas de justification possible. Regardez votre œuvre ; est-ce que cette puissance
vous avait été donnée pour être le semeur de tant de désastres, l'Attila ravageur de la terre comblée de mes
biens ? Derrière vos soldats employés à cette boucherie,
vous avez pu braver vos victimes. — Ici vos gardes, votre
appareil terrifiant, ce n'est rien. — Qu'avez-vous pesé
devant la mort? — qu'êtes-vous devant l'histoire? — un
nom au-dessus duquel plane la malédiction. C'est pourquoi, vous tombez dans cet océan formé par les larmes
et le sang que vous avez fait verser. »

La meilleure garantie que l'on puisse avoir de son
propre intérêt et de sa sûreté se fonde sur le respect du
droit d'autrui.

Peut-on sans démoraliser le sens humain lui infliger
plus longtemps un tel outrage? Ce serait fournir à la
révolution un texte affirmatif en faveur d'une république
qui écarterait l'absolutisme des rois comme l'anarchie de
la rapine, c'est qu'en effet, le droit divin laisserait loin
derrière lui l'audace de ceux que M. de Bismark appelle
les gentilshommes du pavé.

# AU ROI GUILLAUME

LE SENTIMENT UNANIME. — LE CRI DE L'EUROPE. —

L'INTRIGUE NAPOLÉONIENNE.

De toute part un sentiment de douloureuse indignation se manifeste, chaque jour en grandit l'expression. Je le reproduis dans son éloquente unanimité.

« Puisque la faveur européenne s'attache à la brochure politique dont il vous a été donné de faire refleurir les beaux jours, pourquoi devant le public immense qui vous lit, ne pas vous faire l'interprète de l'horreur qui oppresse la conscience humaine par le système sauvage de guerre que vient d'introduire la Prusse. » — Je viens répondre à cet appel. —

Devant cet outrage à l'humanité, celui qui ne se sent pas bondir, ne serait que « l'amas d'un impur limon où l'homme après la brute mange les herbes qu'il tond du sillon. »

Chaque jour les journaux rapportent de nouveaux témoignages d'un carnage qui semble placer dans notre âge les procédés huns. Celui au nom duquel ces pratiques inaugurent un nouveau genre de guerre, qui est le retour à la barbarie, se dit le représentant du droit divin. C'est une étrange manière de le justifier que de lui donner pour témoignages, la colère, la vengeance sans motif, la terreur s'affirmant par l'extermination.

Sire, les paroles des rois ne peuvent pas devenir une forfaiture ; c'est ce que je n'ai cessé de croire et ce que j'ose vous dire, dans mon respect pour les vrais représentants de la monarchie : la mansuétude libérale est le meilleur titre de leur grandeur.

J'y suis d'autant plus autorisé sans faillir à mon passé qui n'a jamais anathématisé les vrais rois, qui a fait une vérité du précepte : rendez à César ce qui est à César. — Oui, Sire, je n'y ai jamais manqué. Mais je ne puis séparer cette loi, base des gouvernements de cette autre loi plus sacrée, base de la société universelle, seul titre qui donne accès à la patrie céleste : « rendez à Dieu ce qui appartient à Dieu. »

Votre Majesté a proclamé solennellement n'en vouloir qu'à Napoléon. C'était juste, et moi qui déplorais cette guerre comme voix de mon propre sentiment, comme écho fidèle du grand homme d'État que votre esprit si distingué n'a pu entendre, sans qu'au fond de votre conscience royale, vous ne vous soyez dit : « c'est vrai », tel est l'ascendant de la vérité ayant pour organe le génie.

Votre déclaration disait les motifs auxquels le monde a adhéré. Vous n'étiez pas l'agresseur, c'était cet empereur Franconi de parade, bon pour caracoler dans une revue, m ais qui devait s'évanouir à la pierre de touche du véritable combat. Vous le détenez dans vos mains, celui que vous mettriez au ban : je sais trop le respect qui est dû à votre haute dignité sur la terre, pour aborder les conjectures dont j'ai dû parler ailleurs. Cependant si le coupable a disparu, pourquoi ces fureurs sans exemple sur la victime dont vous savez l'innocence égale à l'infortune?

Depuis Sedan où j'ai vu vos bataillons s'élancer dans cette marche triomphale qui devait les conduire à Paris, qu'aucune protection ne couvrait plus, quelle légende peut dire les désolations que votre armée a répandues sur son passage! C'était pire encore, des colonnes infernales déviaient de leur route; elles s'en prenaient aux maisons les plus humbles, rasaient, brûlaient les villages, ne respectaient ni les femmes, ni les vieillards, ni les enfants, ces êtres qu'on ne regarde cependant, sans être attendris. Ah! pauvre peuple embauché par les perfides amorces du plébiscite, il faut le plaindre! Mais l'accabler, ce n'est ni divin, ni humain.

— Sire, je viens vous le dire, parce que la parole qui s'appuie sur la vérité doit aborder les rois dans la confiance de toucher leur cœur, la faute unique de ce peuple, c'est d'avoir été trop soumis et crédule aux injonctions autoritaires, aux mensonges, grand moyen de gouvernement de celui sur lequel, par un mystère incompréhensible, se reporte toute votre sollicitude. —

Cette guerre de massacres, de rapines, montre l'aigle prussien avide de dévorer la victime livrée par le faux généralissime, plus alarmé de sa chair en péril que sensible à la honte de son action. — L'œil de l'oiseau avide, qui a pris son vol vers la France, est farouche; ses plumes sont hérissées par la colère, il est jaloux d'enfoncer l'éperon de ses serres contractées au cœur de la nation désarmée deux fois, par son chef Napoléon III, et par son lieute-

nant, le maréchal Bazaine, tramant une restauration bonapartiste, se laissant aller à ces coupables rêveries, au
lieu de rester le chef militaire d'une vaillante armée et d'u-
tiliser son ardeur pour vaincre, quand c'était possible et
même certain. — Il faut comprendre, après des déceptions qui dépassent l'impossible, après des trahisons qui
semblent le drame d'un roman infernal, et cependant restent la terreur de l'histoire réelle, il faut comprendre la
frénétique effervescence des masses. C'est à dérouter les
plus puissants esprits.

Qu'on abolisse, par cette grande démoralisation de l'a-
bus de la force, le sentiment moral, sans lequel les gouvernements n'ont plus de raison d'être, alors le monde
devient un charnier où s'entre-choquent les convoitises du
vice. La nature humaine pervertie dans une arène de
meurtres, parjure la loi du Christ dans la soif du sang.
Il n'y a plus que des Caïns. Il ne reste que le droit du
plus fort qui, en définitive, doit échoir à la révolution
la plus démagogique. Car les ignorances et les passions
corporelles réduiront à l'état de minorité les intelligences
et les vertus. Dès lors qu'il n'y a plus de droit, il n'y a
plus de foi, plus de dévouement; la royauté est un ana-
chronisme, elle se sera suicidée elle-même, car on n'ap-
prend pas impunément aux peuples l'outrage à l'humanité...

« Vous ne tuerez pas, vous ne déroberez pas, » a inscrit
Dieu dans l'immortel Décalogue. Refouler les vices et les
mauvais instincts, développer les vertus morales et so-
ciales en se tenant le plus près possible de la source pri-
mitive de toutes les perfectibilités, la révélation : voilà en
quelques mots la civilisation chrétienne.

Vous aurez beau faire, on n'abolit pas ces vérités aux

sons du clairon, au tonnerre des canons. Ce que l'on ne brave pas, c'est l'Éternel.

## I

Quel est celui qui n'a pas, un jour dans sa vie, franchi le seuil d'une cour d'assises, soit comme spectateur, témoin ou juré. En face, sur l'estrade, se trouvent quelques hommes en robe rouge, aux deux côtés les jurés formant deux lignes parallèles de face ; dans l'enceinte, un public qui se dispute l'espace, aux jours d'un crime célèbre, tel que celui de Tropmann, ayant à rendre compte à la société de l'attentat sur sept de ses membres. Au-dessus de ce tableau plane l'image du Christ, ce sauveur crucifié du monde. Il rappelle chacun au sentiment du devoir, qui se trouve dans ce précepte du Décalogue dont il était le Messie : « Vous ne tuerez pas. »

Presque toujours la justice humaine ne rencontre que le crime isolé. Le ministère public porte la parole au nom de la société outragée. Un frisson électrique court à travers l'assemblée, tant la revendication contre le sang versé a de puissance pour réveiller l'horreur contre les fratricides. Viennent l'audition des témoins, les plaidoiries. L'arrêt est prononcé au milieu d'un silence solennel, et la foule qui a entendu la condamnation qu'elle a presque toujours devancée, se retire confondue dans l'indignation contre le meurtrier.

Douze hommes ont vengé la société.

## II

Ici nous élargissons l'enceinte, c'est l'univers qui est constitué en cour d'assises. Le greffier, c'est l'histoire empruntant le mouvement magnifique du plus grand orateur du siècle, nous dirons à cette multitude qui écoute, sent, absout et juge, à cette cour suprême qu'on appelle l'opinion, c'est à elle que nous portons la question :

O hommes de toutes les nations, vous avez vu, entendu ; vous avez devant vous les évidences, ces désolations, ces foyers vides, ces veuves, ces orphelins, ces ruines collectives et privées, cette civilisation arrêtée, conspuée, contaminée par le sang, dans son essor sublime, des horreurs à faire remonter jusqu'au ciel le cri de vengeance qu'élève la terre : eh bien, devant Dieu, devant les hommes, descendant dans votre conscience, dites : ceux qui ont fait ces choses, sont des héros, des demi-dieux qu'il faut célébrer ; ce ne sont pas des coupables ; ils ont eu raison de multiplier les victimes, la loi d'État, la politique, la gloire le voulaient ! Alors, comment ne pas maudire la religion, la politique, la raison d'État jetant un tel défi à Jehovah ? Voici la question soumise non à vos émotions paternelles ou filiales, mais à votre raison, c'est un appel à votre probité, disait un jour devant moi, le loyal comte de Montalembert, protestant contre le vol fait par l'Empire, de l'antique patrimoine de la maison d'Orléans. Je veux agir comme lui. C'est une question qui n'a pas deux faces, elle soulèvera la conscience qui ne doit fléchir devant aucune crainte, qui ne sacrifie à aucun compromis de la faveur. Comme dans ces conditions-là on se sent pris d'une noble fierté : on est magistrat du monde.

## III

Aujourd'hui une réalité nous montre l'alchimie diabolique que Napoléon avait appliqué à la France. Quel empirique !

Il a inauguré et continué le régime du plébiscite, mélange combiné de l'esprit de la fausse démocratie et d'une autocratie sans frein. — Il a gardé dans ses mains ce *picrate* destructeur. — Il rendait les villes suspectes aux campagnes, et *vice versâ.* — C'était un jacobinisme coiffé du diadème. — La population des cités s'insurgeant contre cette honteuse fiction, avait fait le séparatisme national. — C'était l'indice de la prochaine débâcle. Dès lors tout était mis en question, la sûreté intérieure, comme l'équilibre des forces européennes. Ni l'Allemagne, ni l'Angleterre, ni la Russie, ni les petits États, ne trouvaient plus dans la France, sous un arlequin de fantasmagories, un allié sûr, une garantie. La patrie des Montesquieu reculait au delà du césarisme romain sans un César et un sénat héréditaire.

C'était l'apostasie de sa propre histoire, pour aller s'abîmer sous la main d'un maître qui s'était assuré l'escorte prétorienne des paysans. Devant la réalité même, ils refusaient de croire que leur idole eût pu être jetée à bas du trône qu'il leur avait surpris.

Mais l'Homme de Sedan décline chaque jour jusqu'à l'exécration, sous le mépris qui sort de tant de désastres. On aura donc beau faire. Jésus pouvait ressusciter *Lazare le Don;* M. de Bismark, qui n'est qu'un homme de génie, ne peut ou ne veut s'attacher à ce cadavre qui rappellerait les procédés de Mezence, dont Virgile a transmis aux âges futurs le souvenir abhorré.

Je conclus : on ne peut avoir l'idée de rétablir Napoléon *le Mauvais.*

# UN RAPPROCHEMENT INSTRUCTIF.

Dieu seul sait ce qui arrivera. Demain c'est la grande chose, de quoi demain sera-t-il fait? — a dit Victor Hugo, au sujet du roi de Rome. Le roi Guillaume et M. de Bismark, ce politique d'une profonde perspicacité, ont passé la mesure, en se plaçant hors la morale, au point de vue de leur exclusif intérêt.

Au moyen d'un artifice, ils ont reporté sur le peuple, pour lequel ils déclaraient leur sympathie, une responsabilité imaginaire dans son principe (entièrement du fait de l'empereur), mais terrifiante dans ses effets.

C'était atroce, à l'égard de la nation courageuse dans son infortune, après avoir été trahie dans sa puissance, par ceux qui en étaient les gardiens incapables, quand ils n'en étaient pas trafiquants judas.

Cette exécution de Bazeilles, sur les ruines duquel le plus indifférent sent fendre son cœur, ne faisait qu'ouvrir

cette procession d'incendies, d'horreurs, d'inventions sacri-
léges, pour envelopper un pays tout entier dans une ruine
commune. — Il fallait bien peu connaître les Français,
pour ne pas voir quels volcans de colère allaient provoquer tant d'outrages précipitant le peuple aux armes.

La résolution de vaincre ou de mourir possède la
nation entière.

## I

En 1866, le 3 août, celui qui trace ces lignes, écrivait
une protestation sous l'assentiment de toute la presse :
elle était dirigée contre les actes du général Manteuffel,
le même qui vient de donner la main à von der Tann.
Cependant, ce n'était que la brutalité d'un soldat : ce qui
s'accomplit en France de la part des envahisseurs qui ne
respectent plus rien, abolit la civilisation pour revenir à
la plus sauvage barbarie.

Voici les paroles textuelles portant la date du
1er août 1866, extraites de *Prusse et Europe*, par le
comte Alfred de la Guéronnière, les actes qu'il dénonçait
alors se retrouvent accrus en excès.

Le théâtre aujourd'hui de ces exploits, c'est la France ;
— le droit divin dans les procédés prussiens, a des procédés dont la morale la plus diabolique peut faire son
code de perdition.

## II

Certes, en présence des actes de forbans en uniforme, tels que
M. de Manteuffel et ses compagnons, c'est un devoir pour celui
qui est fidèle au souvenir que provoque le malheur de cette noble

ville, de laisser échapper la flétrissure la plus accentuée contre
des actes de brigandage, qui, s'ils pouvaient passer dans la pratique de la guerre moderne, anéantiraient la sécurité des limites
des États, comme les bornes du domaine privé. Ce serait le ca-
price des convenances du plus fort substitué au droit éternel qui
protége chacun dans sa famille, sa propriété, sa liberté.

Si ce que chacun dit dans son cercle intime contre ces abomi-
nables audaces trouvait un écho, l'anathème, faisant explosion de
tous les points et de toutes les consciences, non-seulement serait
un frein au gouvernement qui a recours à d'aussi machiavéliques
moyens, mais encore arrêterait, sur la pente de ces attentats à la
société, les instruments féroces de ce terrorisme. Parce qu'on est
général prussien, on n'est pas affranchi des règles et des devoirs
communs ; on n'est pas un Babeuf en action dépassant celui qui en
était à la théorie. Avec un ricanement féroce qui ne serait pas to-
léré par un homme de cœur devant lequel l'orgueilleux vizir se
trouverait sans l'aide de ses sbires, on ne doit pas lâchement jeter
la menace à toute une population : on ne doit pas se dresser en
bourreau cynique d'une ville qui n'a pas même joué le dé des ba-
tailles ; on ne pose pas, au milieu d'un siècle où la philanthropie
est invoquée à tout propos, sous un scandale à déshonorer un
gouvernement, le nom d'un exécuteur qui peut parader sous ses
épaulettes, mais ne saurait échapper à l'indignation de tout ce qui
est fier. J'exprime la mienne, et je la confie à la presse, cette voix
publique, pour qu'elle arrive sous une responsabilité qui ne veut
pas se dissimuler et s'inscrit *coram populo*.

Outre les sentiments d'humanité, de religion, toutes les lois
qu'un acte pareil outrage, il y a dans ce temps-ci une raison qui
doit rallier dans une commune solidarité tous les intérêts égale-
ment menacés par ce nouveau mode de s'approprier le bien d'autrui.

Dans l'état actuel du monde, avec la multiplicité des rapports
liant les peuples à travers l'espace supprimé en quelque sorte par
les chemins de fer, avec la télégraphie se jouant des frontières, des
délimitations de la politique, à ce degré de la civilisation, une
ville, et en *particulier* une métropole de la banque et du com-
merce, telle que Francfort, que dire donc de Paris cette provi-
dence de tous les besoins, est tout à la fois dépositaire, créancière
et débitrice dans une proportion incalculable. Son *doit* et *avoir*
roule sur un chiffre immense. Y toucher sous un prétexte de for-

ban, c'est violer un dépôt placé sous la garde de la foi publique, c'est atteindre Paris, Londres, le monde entier. C'est la plus flagrante violation de la propriété, du droit des gens ; c'est la brutalité avide, abolissant les principes sans lesquels il n'y a pas de droit, de gouvernement, de propriété. Avec les procédés de MM. de Bismark et Manteuffel, personne n'a aucun droit ; aucun titre ne vaut. Resterait au sein du naufrage commun le bras le plus fort pouvant frapper au gré de sa passion, et prendre au gré de sa cupidité.

Ainsi, la cause et le droit de tous sont foulés aux pieds par la Prusse. Les personnes, au point de vue chrétien de la fraternité, la propriété immobilière et mobilière, au point de vue de la vérité économique, de la sûreté des transactions et de la solvabilité des banques, sous aucun prétexte politique, encore moins quand on est réduit à les inviter faussement, ne sauraient être la proie d'une invasion soldatesque.

De provocation, il n'y en avait pas de la part de ce faible et paisible gouvernement réduit à une enceinte où habitait la modération dans la richesse. De résistance, il ne pouvait y en avoir ; aussi n'y en a-t-il pas eu. C'est comme si un homme, fût-il Bayard ou Latour-d'Auvergne, provoquait un bataillon. Attaquerais-je, moi, M. de Manteuffel avec une épée au milieu d'un de ses bataillons de fusils à aiguille ? Lui-même, ce fier homme, attaquerait-il celui qui tient cette plume, entouré de vaillants compagnons, de quelques zouaves français ? Les personnages de cette sorte peuvent être braves et féroces simultanément : la bravoure est chose commune. Mais ce qu'il y a de certain, c'est qu'un homme de cœur n'aurait pas souci du général isolé de sa terrible escouade avec laquelle il insulte une honnête ville. Ce n'est pas dans cette conjoncture qu'il pourrait à son gré faire abattre une tête fière : la sienne, dans un choc non inégal, aurait autant de chance d'être atteinte par une main ferme, à l'unisson d'un cœur qui ne se troublerait pas dans un tête-à-tête de cette sorte. Mais laissons cette vulgaire vérité sur laquelle il n'eût pas été besoin de revenir si, devant les adorateurs du fait inique triomphant, la victime ne devenait le coupable. Relevant d'une autre loi, et j'y mets mon orgueil, j'adresserai une question à la probité comme à la raison du monde.

Quelle maison pourrait garder les fruits de son travail, de ses facultés ; quel prêteur pourrait se flatter de conserver le gage de sa confiance, de sa fortune, soit qu'elle fût aux mains des banques privées, dont la maison Rothschild est la plus illustre et la plus sûre représentation, soit qu'elle reposât dans les caisses d'une banque d'État, comme celle de Francfort, si justement considérée?

C'est là, je le répète en terminant, une loi de mutuelle protection, qui importe aux nations comme aux particuliers. Les gouvernements qui les représentent n'ont jamais eu d'occasion plus opportune de revendiquer, aux applaudissements de tous les honnêtes gens, la garantie du droit social et des fortunes, dont la sûreté dépend de sa facile application. Quant à nous, en vertu de ce qu'il y a de plus sacré dans la conscience, unissons nos voix pour infliger le stigmate d'un anathème collectif à ces profanatieurs du droit public! On ne saurait réagir par trop d'énergiques protestations contre ce cynisme de troupier, qui a forfait de la sorte aux lois immuables de la religion, comme à l'honneur, cette loi de la terre.

On n'a pas oublié, en Lorraine comme à Paris, les brutalités de 1815, à l'encontre de la modération pleine de bon goût de Wellington. Mais l'armée frémissante derrière la Loire et la France surprise, mais non vaincue, n'avait pas épuisé dans le sang de Waterloo cet esprit de fortitude qui, poussé au désespoir, eût anéanti Blücher et ses soldats.

Francfort, qui compte 70,000 âmes, est la ruche de l'ordre financier : au lieu d'hommes d'armes et de fusils à aiguille, elle a de probes citoyens et les conquêtes en or de la régularité d'habitudes financières.

Les colonnes militaires du grand Frédéric, qui ont laissé un lugubre souvenir sur les théâtres de leur ruine, semblent être sorties de leurs cellules infernales pour s'abattre sur cette malheureuse et inoffensive ville.

Elle réalisait pourtant le beau idéal de M. Émile de Girardin : au lieu d'armée, elle avait des vertus et des richesses ; elle était l'artisan glorieux de ses œuvres. C'était une démocratie modèle, modérée par la sagesse d'un Sénat où la liberté germanique, traquée par son flatteur d'aujourd'hui, venait prendre droit d'asile. M. de Bismark, si suspect par tant de précédents d'arbitraire, découvre de nouveaux horizons au *Nationalvercin*. Mais malheureusement, à Francfort comme à Berlin, il substitue au libéralisme constitutionnel des commissions militaires ou son bon plai-

sir. Si ce n'était qu'une comédie grotesque, mais c'est une tragédie ! Allons, général Rœder, achevez l'œuvre de votre prédéces-
seur ! Affamez cette ville parce qu'elle ne peut payer la rançon
taxée par la rapacité de ceux qui l'ont saisie !

De pareils exploits, que peuvent-ils appeler sur leurs auteurs,
si ce n'est le mépris et l'indignation ? On ne saurait trop les faire
retentir et les propager. Si le monde pouvait rester indifférent,
c'est qu'il serait dégénéré dans la partie divine de l'âme évanouie,
ne laissant derrière elle que l'impur limon. Mais non, le monde, la
France, la civilisation, la conscience universelle ne peuvent se désintéresser et assister à cette exécution sauvage sans crier : Honte,
mille fois honte à de pareils déprédateurs ! Quel malheur de tomber sous le joug d'un pays où pareille énormité est jeu de princes
et d'hommes osant, suivant la belle expression de Benjamin Con-
stant, transformer les sublimes textes de l'Évangile en sophismes
de la politique, en faisant des succès du crime la loi d'État et leur
moyen de gouvernement.

Agréez, Monsieur, l'assurance de mes sentiments de haute considération.

Comte Alfred de la Guéronnière.

Château de Touron (Haute-Vienne). — 1er août 1866.

La lettre précédente, interprète de l'opinion unanime en Allemagne et en Europe contre les procédés prussiens à l'égard d'une
ville où l'importance des affaires se combine avec leur sûreté, a
été reproduite à profusion. Elle a valu à celui qui l'a écrite les
plus flatteurs témoignages, tant il est vrai que revendiquer le droit
c'est réveiller la conscience universelle qui en sent le besoin social. — La maison Rothschild prise pour exemple est la plus haute
expression du crédit financier. — Les gouvernements successive-
ment ont tous eu à puiser dans ses magasins d'argent ; son pa-
pier est une monnaie sur toutes les places du monde. Depuis la
date de cette lettre, le baron de Rothschild (de Francfort) a re-
noncé au titre de citoyen de cette ville libre. La maison vend les
immeubles qu'elle possède dans la domination prussienne, annon-
cent les journaux. C'est la protestation de l'indépendance du caractère, appuyée sur la fortune. Ce sentiment qu'il est permis à

M. de Rothschild de montrer visière levée correspond à la douleur témoignée naguère par les populations annexées sans leur consentement, lors de leur prise de possession par les Prussiens. — Les assimilations, les annexions ne menacent pas seulement les États, mais aussi les droits privés. Il se trouverait beaucoup de gens qui, en vertu de cette détestable doctrine, s'assimileraient partout des domaines à leur convenance, par un socialisme de rapine.

Dans un mauvais jour, Proudhon avait dit : La propriété c'est le vol. Prendre des États tout entiers, lever des contributions arbitraires, qu'est-ce donc ? De même que les Rœder et les Manteuffel, généraux prussiens, la révolution servant ces convoitises, que d'annexionistes *Babeufiens* s'empresseraient de s'annexer les millions dépecés des caisses Rothschild, de tous autres banquiers, des Banques d'État ! Comme la civilisation, la liberté, la sécurité de l'ordre reposent sur le respect de la propriété, anathème sur tout ce qui y porte atteinte ! Les généraux, les individus doivent tenir pour dogme ce précepte de Dieu et de son Église :

« Bien d'autrui tu ne prendras, ni ne retiendras injustement. »

Que des tables de la loi ce principe salutaire descende dans la politique, et soit maintenu même contre le roi de Prusse et M. de Bismark !! *(Note de l'éditeur.)*

# L'ÉTAT DE L'EUROPE.

—

## LES CONDITIONS DE SA SÉCURITÉ.

—

La France n'aurait pas failli à sa destinée et à l'équilibre de l'Europe dont elle était le pivot si celui chargé d'en maintenir la tradition séculaire, d'une incapacité qui a dégénéré en trahison ne se fût attaché à tout démolir.

Nous ne pouvons traiter au vol un si vaste sujet, dont nous avons déroulé toutes les phases ailleurs.

La lumière faite depuis longtemps pour les hommes d'État, aujourd'hui éclate par les faits. Chaque jour vient mettre à découvert un anneau de cette chaîne avec laquelle Napoléon avait arrêté l'essor naturel de la France.

Il est un fait qui écarte les voiles de la diplomatie et les changes donnés par le langage, c'est la parfaite identité de vues qui lie en ce moment la politique de Versailles (1) et de Saint-Pétersbourg.

M. de Bismark et le prince de Gortchakoff sont d'ac-

(1) Avoir à écrire ce nom du quartier général prussien, semble un vertige.

cord, il n'en peut être autrement, ici la raison d'État a pour sanction les affinités dynastiques ; elles se prêtent un double et mutuel appui.

Utilisant les renseignements que nous avons sur la Russie, nous pourrions montrer les surprenantes transformations que réalise chaque jour ce pays qui occupe entre un huitième et un neuvième du globe. Alexandre II n'a cessé d'emprunter à l'Europe ses plus efficaces procédés dans tous les genres. Ce souverain a eu la bonne fortune d'accomplir pacifiquement une des plus grandes réformes dont le monde ait été le témoin, nous voulons parler de l'abolition du servage : par l'établissement des chemins de fer il relève la Russie de la double paralysie dont la frappaient l'immensité des espaces que ses armées avaient à parcourir et la rigueur des climats.

On connaît très-peu en Europe l'organisation administrative de la Russie qui laisse une liberté réelle là où en France la centralisation en fait une fiction. Avec les deux moitiés d'hemisphère qui composent l'empire des Czars, l'unité absorbante du pouvoir impérial y est dans la pratique impossible.

En effet, les libertés locales graduées font de la commune slave une république qui a des immunités que le système municipal français ne semble pas devoir être plus jaloux d'assurer sous la république que sous l'empire. Tant il est vrai que dans la France on a trop d'esprit, on fait des discours, la réalité est renvoyée aux calendes grecques.

La Russie et la France dans la rotation qui relie par des affinités les gouvernements les plus opposés, étaient attirées l'une vers l'autre. L'empire était venu élever une barrière. M. de Bismark a su tirer grand parti de cette situation.

M. de la Valette, de triste mémoire, un de ces ministres de pacotille que, dans son mépris pour la France, aimait à créer le bon plaisir impérial, est venu, un jour, promulguer les hérésies que l'on sait. Sedan, la rupture du traité de Paris, tant d'autres conséquences en devaient être les conséquences.

Sur l'équilibre détruit, dont Napoléon III entonnait avec tant de complaisance, le *de profundis*, M. de Bismark a posé le principe de la puissante hégémonie prussienne qui, à Versailles, devait devenir l'empire d'Allemagne. A Versailles : quelle ironie ! C'est la dot bonapartiste.

La Russie à son tour prétend écarter les restrictions qui la gênent dans son travail de protectorat d'abord, d'assimilation plus tard, de ses *coreligionnaires* en Orient (mot puissant), et de la famille slave en Occident, attraction que le temps rendra irrésistible.

Dans les affaires de ce monde, et particulièrement dans les combinaisons de la politique, il y a un moment solennel où l'on peut dominer, prévenir un ordre de faits, un événement qui change le cours des destinées humaines. C'est à ce but que servent les hommes d'État pour concevoir, les grands généraux pour porter la théorie par l'action des victoires.

L'Angleterre a jeté feu et flamme à la nouvelle de la dénonciation de rupture par la Russie du traité de Paris. Elle récrimine par tous ses organes contre la violation des traités. C'est très-beau, et édifiant. Mais qui peut en être touché ? Quand il s'est agi d'autres violations où son ntérêt n'était pas en jeu, c'était pour le mieux dans le meilleur des mondes.

Est-ce que lorsqu'on a fait table rase de la Confédération, l'Angleterre n'a pas été la première à y souscrire, n'y apercevant qu'un frein pour la France, objet de ses défiances?

Elle-même, en Occident comme en Orient, elle ne s'est fait scrupule, en maintes occasions, de substituer le droit de convenance au droit véritable, et par cette injustice, d'ouvrir la porte à la violation de tous les droits.

C'est ce qu'a fait M. de Bismark envers qui a prétendu lui résister en Allemagne : il continue aux dépens de la malheureuse France.

La Russie entend agir de même à son tour, qui l'en empêchera?

Sans doute l'Angleterre est puissante, riche, invincible sur son élément, la mer : elle a le trident de Neptune et a eu soin de mettre une barrière dont elle s'est fait la gardienne, à chaque porte de l'Océan.

Elle s'est endormie sous les philtres de l'école de Manchester, comme la France aux jours de l'indolent Maurepas : elle s'est beaucoup trop désintéressée des grandes questions pour s'absorber dans le lucre commercial.

M. Gladstone, chef actuel du cabinet anglais, est un éminent esprit! eh bien, il eût dû se souvenir que les grandes et sages pensées viennent du cœur. Si l'économiste n'eût pas absorbé, annulé chez lui la hauteur des vues politiques, il eût mieux servi les intérêts de l'Angleterre et de la civilisation, il a été mou. Le teneur de livres et le chef de comptabilité, dans le *doit* et *avoir* de l'école cotonnière de Manchester, se désintéresse trop de la grandeur morale. Si lord Stanley, aujourd'hui le comte Derby eût été ministre, nous ne doutons pas qu'il n'eût agi et influencé dans un autre sens. Nous en avons pour gage ses intervention active et succès dans l'affaire du Luxembourg.

Déjà, l'Angleterre a pu voir ce que recélait cette politique d'égoïsme qui ne prend l'alarme que lorsqu'il s'agit de son propre sort.

Oui, avec un sens plus élevé de l'intuition de l'avenir, il était possible de ne pas laisser l'avenir se troubler sous la tempête du jour. On l'aurait évitée.

Il est un mot qu'on a souvent répété : l'homme s'agite et Dieu le mène. Quel plus frappant exemple ! la race des aigles rentrée en France par le délire populaire, où est-elle aujourd'hui ? Sedan l'a condamnée sans retour. L'homme du coup d'État est à Wilhelmshœhe, l'aiglon est à Chislehurst. C'est ainsi que Dieu mène les individus, comme les empires à des destinées inconnues. Seulement il a laissé à l'homme, comme aux États, le choix entre la vérité, la liberté, ou l'erreur. Le crime, on l'expie tôt ou tard. Est-ce assez d'exemples ? Que de majestés découronnées, que de nations punies pour avoir prétendu arranger les choses dans ce monde, comme s'il n'y avait pas une loi morale, une responsabilité. Si on y échappe, par un passage trop rapide sur la terre, qui ne laisse pas à la cause le temps de mûrir l'effet ; cette expiation, elle est par delà la tombe : grande vérité ! L'ivresse de la prospérité, la sagesse humaine toujours courte par quelque point, ne laissent pas aux plus habiles la vue assez étendue pour discerner l'écueil. — Il est donc une politique qui, sur l'Océan mutiné des passions humaines, devrait avoir pour boussole le respect du droit des nations. Nous croyons l'avoir démontré.

---

# LE PRIX DU SANG.

—

Ce serait donc vrai ! L'enfer a pu vomir un homme qui, sous la fausse optique d'un nom célèbre, se serait glissé sur un trône après avoir pris tour à tour le masque de la Liberté, de l'ordre qu'ils a trahis, de la gloire qu'il a souillée : il a abouti aux plus funestes défaites et à la plus honteuse des capitulations.

Il a parcouru la série énumérée dans l'*homme de Sedan*, dans l'*homme de Metz*. Pour sauver sa vie déshonorée, il a sacrifié la nation qui s'était confiée à lui par un plébiscite, surpris à sa crédulité : il la laisse sans défense, sans armes, sans généraux patriotes, en proie aux Prussiens ; tout est deuil, dévastation, ruine, oppression, sang.

La France est la grande victime pour laquelle un Golgotha nouveau a été préparé par cet homme : Il lui serait donné d'offrir de plus terrifiants effets, que celui qui a vu périr le sauveur du monde.

Voilà qui est écrit pour l'histoire, sur un monceau de cadavres par d'irréparables désastres.

Néanmoins, cet homme conspire, on l'avait nié. Vaut autant dire que le soleil est nuit et que la nuit est soleil. Il consentirait à être replacé par les Prussiens sur ce trône qui après avoir été le catafalque de la liberté et de la grandeur françaises, serait encore une guillotine d'où tomberait la mort au profit de ce vampire. Aux jours de la clémence il se contenterait de la pro-scription.

Peut-on croire cela? Est-ce assez insulter la Provi-dence, est-ce assez mépriser les hommes, n'est-ce pas une dose de scandale trop forte pour la nature humaine?

Et cependant ce n'est pas tout.

Nous l'avons dit ailleurs dans l'*homme de Sedan* : il faut s'attendre à l'impossible de l'ambition dévergondée, dans l'infamie engendrant mille autres infamies.

Mais dire qu'un roi qui parle au nom de Dieu, qui a les traditions d'une race héroïque, des souvenirs de gloire qu'exhausse l'éclat d'étonnantes victoires, un héros, un croyant, oh ! dire qu'il peut être ainsi soustrait à ses in-stincts, échapper à son rôle, offrir à l'histoire, au lieu de la figure rayonnante d'un triomphateur, la face livide, ignominieuse du complice séïde d'un conspirateur.

On ne veut, on ne peut y croire. Cependant cette in-crédulité isolée voit se dresser contre elle la concor-dance des témoignages qui font autorité, l'accusation des faits.

Et ce serait M. de Bismark, que nous avons cru un grand politique, dans son caractère terrible, qui aurait conçu ce plan infernal, l'aurait fait adopter au roi. — L'Alexandre chrétien moderne à mille lieues du fils de

Philippe, grand jusque dans ses désordres, deviendrait Scapin : encore ne serait-ce pas celui de la farce mais le masque du crime.

Ainsi l'homme de génie troublé dans son sens pratique, parce qu'il serait sans cœur, peut avoir la parole des Lebœuf, Frossard et Failly ; vainement ils offriraient l'opprobre d'un pareil marché comme garantie au conquérant ayant comme auxiliaire la guerre civile ; vainement ils feraient litière de la France livrée, égorgée, déshonorée ; eh bien ils se trompent, leur sens de grands dignitaires rapaces s'obscurcit sous les vapeurs de leur ambition. — Ainsi et par là seulement s'explique cette trame digne de l'enfer. — Mais pour la réaliser ce n'est pas aussi simple, tout ce que les démons tentent n'aboutit pas : Ils trouvent pour barrière les notions plus ou moins distinctes, mais répandues partout, de la morale universelle, ce souffle de Dieu. Eh bien ! en face de ce grand et ironique machiavélisme restent les révoltes de la conscience, la douleur des mères, les anathèmes de l'indignation, de l'honneur. — Il faut croire à tout cela comme on croit à Dieu.

Autrement le monde jouet du génie du mal n'aurait plus d'autre morale que le brigandage. Les nations ne trouveraient plus dans ceux préposés à leurs respects et à leur obéissance que des princes et des ministres, non de droit divin, mais du droit infernal de la rapine et de la mort. Ce serait l'abomination de la désolation, la désolation de l'abomination dont parle l'Apocalypse.

C'est pourquoi, sire, roi, futur-empereur, c'est pourquoi comte de Bismark, si vous pouvez vous associer à ces ténèbres de l'esprit et du cœur de l'homme que vous aviez condamné par ces paroles mémorables : « La guerre à l'empereur mais non à la France. » Tout homme qui a une âme, qui, en esclave n'embrasse pas l'injustice, aurait le droit de vous dire : « vous êtes parjures à vous-même. »

Qu'auriez-vous à opposer? qu'auriez-vous à répondre? Quel est celui, qui dans la vie privée, pourrait sans déchoir, s'infliger à lui-même un si écrasant démenti?

Il y aurait deux morales, une qui exonère les rois de toutes règles et de tout frein, l'autre qui noie les peuples dans des flots de sang pour le bon plaisir et les fautes des rois :

Si ce n'en était fait des temps, suivant les paroles de l'Écriture, ce serait la fin des rois, de leurs privilèges, de leur prétendue raison d'être, de leur institution déjà si contestée, car l'Évangile a dit : Vous les reconnaîtrez à leurs fruits.

Ce langage que j'ose tenir au souffle des souvenirs du respect monarchique dans lequel fut moulée ma jeunesse, ce langage au moins est empreint de la franchise d'une ardente conviction. Messager de vérité, mettant l'honneur de la servir, au-dessus de tout ce que princes, rois, ministres peuvent posséder et donner, — sûr que notre voix trouvera de l'écho près de tout ce qui est honnête,— regardant le ciel où des pratiques et des horreurs telles ne donnent pas le droit de cité, nous appelons ceux capables de les épouser, devant la justice de Dieu. Il y a tant de puissance dans la vérité qu'elle ne se laisse ni dé-tourner de sa mission par la crainte, ni enchaîner par la gloire au char des triomphateurs. Au-dessus de tous ces appareils qui éblouissent la matière, qui attirent les applau-dissements de la foule changeante et infidèle, il y a le monde moral des esprits dont l'univers est le chœur, dont l'histoire est l'écho. Devant un pareil attentat, il n'y aurait qu'un refrain : « *Consommatum est*, plus de rois ! laissons passer la justice de Dieu. »

Rois, empereurs, ministres, courtisans de tous les degrés, arrêtez la foudre de celle-ci, et vous qui hâtez et multipliez l'œuvre de la mort, y échapperez-vous ?

> Victoires aux ailes embrasées,
> Ambitions réalisées,
> Ne sont jamais sur nous posées,
> Que comme l'oiseau sur nos toits.

a dit le poëte ; — ce lendemain qu'on ne prend pas à l'éternel c'est le tombeau, ce sera le vôtre !

# CONCLUSION POST-SCRIPTUM

*A Sa Majesté le Roi de Prusse, Empereur d'Allemagne.*

L'humanité qui est le droit des peuples est le devoir des rois et la sanction de leur investiture. — Il est une revendication qui doit arriver aux trônes, portée par le chœur de la religion, de la civilisation, de l'histoire : « Ne versez pas le sang. »

Les chefs d'État doivent être les gardiens fidèles de ce divin précepte. En dehors de lui, en usurper le nom c'est en profaner l'esprit. Suivant qu'ils l'observent ou le violent, les princes sont les *messagers* des bienfaits de la Providence ou *ses fléaux*.

Entre le rôle des Marc-Aurèle, Saint-Louis, ou celui des Attila et des Yvan, entre les bénédictions qui consacrent la mémoire de ceux qui passent en faisant le bien

et les malédictions qui laissent leur empreinte sur les
noms symboles des hécatombes, la conscience des temps
a prononcé. Elle couronne les uns avec amour, elle laisse
les autres à la justice divine qui jamais ne se dément.

# TABLE DES MATIÈRES.

www.ingramcontent.com/pod-product-compliance
Lightning Source LLC
Chambersburg PA
CBHW051229030726
47595CB00003B/807